Changez votre réalité

Milène Muzard

Changez votre réalité

Auto édition

www.milene-muzard.fr

Un profond merci à tous ceux et celles qui m'ont accompagnée, soutenue et aidée à la réalisation de cette création. Vous êtes merveilleux. Je suis heureuse que vous soyez dans ma vie.

Chères lectrices et chers lecteurs,

Merci d'avoir choisi de lire cet ouvrage.

Qu'il vous accompagne sur votre chemin vers vous-même.

Ce livre exhorte à devenir heureux. Pas à quelques instants clairsemés de félicité mais à un état de bonheur continuel. Un bien-être qui ne dépend ni de ce que la vie apporte ni des gens.

Pour profiter au maximum de cet ouvrage, lisez-le avec candeur, comme si vous n'aviez jamais rien lu sur ces sujets. Jouez le jeu et vous terminerez ce livre avec une profonde empreinte de bonheur en vous. Ne donnez pas d'importance aux mots mais plutôt au message.

Offrez-vous le temps de pratiquer les exercices simples et efficaces qui vous conduiront tout droit vers la réalité à laquelle vous aspirez. Adaptez-les à votre propre situation.

Ce livre identifie des sources de malheur puis présente des solutions pour les dépasser. Il formule des concepts transcendant les idéologies habituelles incitant à la réflexion et à l'introspection.

Où que vous en soyez sur le chemin, ce livre contribuera à votre développement psycho-spirituel. Au minimum, il favorisera l'amélioration de votre quotidien.

Cet ouvrage propose une ouverture vers plus de joie et de sérénité. Il vous engage à devenir tout ce que vous êtes et davantage.

Il n'aborde pas tous les sujets, il y en a beaucoup trop. En fait, il offre une forme de raisonnement facilement transposable dans votre vie.

Imaginez-vous devant la porte que vous recherchez depuis longtemps, faites le pas et passez le seuil.

Souriez-vous en confiance car ce chemin vous emmène vers votre bonheur.

De tout mon cœur,

Milène Muzard

Table des matières

La réalité

Lorsque vous êtes satisfait tout est plaisant.
La perception que vous avez du monde dépend de votre état d'être. Ce qui permet d'affirmer que la réalité est aléatoire. En effet, si vous vous positionnez en haut d'une échelle, votre perspective sera bien différente de ceux qui vous regardent du bas.
Votre réalité vous est propre. Les personnes qui partagent votre vie n'accordent pas la même valeur aux choses et n'ont pas les mêmes normes que vous.
Pour certains, regarder, écouter ou lire les informations tous les jours est une nécessité. Pour d'autres, c'est une aberration qui invite à la dépression et à la peur. Il y a moult déclinaisons.
Votre conception de la vie est unique.

Beaucoup utilisent l'expression « Mais c'est la réalité ! » comme une preuve. Or, il s'agit effectivement de votre réalité. Mais seulement de la vôtre.
La personne en face de vous qui hoche la tête en forme d'assentiment et qui se dit d'accord avec vous, ne vous écoute pas la plupart du temps. Elle s'est arrêtée sur un mot qui l'a emporté

sur ses propres réflexions, expériences ou problèmes. D'ailleurs, elle vous répond par un « Oui, c'est vrai, parce que moi… », puis, elle vous raconte son histoire. Il y a de grandes chances pour que vous vous arrêtiez vous-même sur un mot et qu'il vous emporte surfer sur vos périples mentaux. Alors à votre tour, lorsque vous pourrez reprendre la parole, vous lui répondrez « Eh bien moi… ». Vous parlez de vous, de votre vécu et de vos sentiments. Ceci réconforte et donne l'illusion que la réalité est fiable et partagée.

Les guerres, la crise, le terrorisme, vous ne les avez pas inventés, c'est réel et tout le monde le sait. Ce sont des mots qui n'ont pas la même valeur, pour personne. Selon où vous vous situez par rapport à la guerre, elle n'est pas vécue de la même façon. La guerre fait partie de la conjoncture, toutefois votre réalité personnelle à son égard diverge d'une personne à l'autre.

Ce qui est communément appelé la réalité, c'est la manière dont vous percevez vos expériences et les faits.

La réalité peut être transformée à tout moment.

Un monsieur vient me consulter car il a de plus en plus de problèmes, plus rien ne va bien. Les maux de tête et de dos s'additionnent à des problèmes de digestion. Des petits accidents, des retards et une ribambelle de petits soucis s'accumulent.
Bien qu'ayant une entreprise prospère, il a finalement rejoint le nombre grandissant de gens qui vivent dans « la crise ». Il bloque (inconsciemment) l'abondance. Du coup, il n'ose plus certaines stratégies au travail et il le regrette. Il devient un peu plus regardant

sur les dépenses familiales, ce qui génère quelques conflits. Il est en haut de la pente glissante qui peut le mener à la ruine de sa vie entière.
Pourtant son entreprise est bien établie et stable. La crise ne l'a pas atteint financièrement.
Finalement, il accepte d'abandonner la crise à ceux qui la veulent. Il décide de faire confiance à la vie comme il l'a toujours fait.
Quelques jours après la séance son épouse me confie qu'elle est heureuse d'avoir retrouvé son mari, elle commençait à se poser de sérieuses questions.

Un seul paramètre de votre vie change et votre réalité bascule. Par exemple, vous êtes célibataire depuis un bon moment lorsque vous tombez amoureux. Vos centres d'intérêts évoluent. Votre emploi du temps se modifie. Ce qui était important le devient beaucoup moins. Vous avez changé de réalité.

Lorsque vous êtes malheureux tout est terne. Si vous êtes stressé tout va mal.

Quand vous êtes heureux la vie est belle, vous êtes optimiste et vous vous sortez de tout. Vous éveillez davantage la joie sereine qui siège dans votre cœur.
Pas seulement quelques instants clairsemés de félicité mais vous vivez dans un état de bonheur continuel. Un bien-être qui ne dépend ni de ce que la vie apporte ni des gens.

Vous changez votre état d'être et votre réalité change.

Voici quelques exemples de faits et de réalités possibles :

Un fait : il fait moins 5 degrés Celsius dehors.

- *Une réaction possible devant ce fait : « un mot vulgaire ». Il caille, « une insulte ».*
- *Une autre réaction possible : « Hou, il fait froid, j'ai vraiment fait un bon investissement en achetant ce manteau. (Sourire) »*

Un fait : une voiture conduite par un arrière-grand-père vous ralentit.

- *Une réaction possible devant ce fait : « une insulte » Allez ! Avance. « une grossièreté ».*
- *Une autre réaction possible : « C'est bien, à son âge il est encore autonome. Courage papy. (Sourire) »*

Un fait : Il y a une fiente sur votre pare-brise.

- *Une réaction possible devant ce fait : « une vulgarité » pigeon « une insulte » je n'ai vraiment pas de chance « une autre insulte ».*
- *Une autre réaction possible : « Ah ! Heureusement, j'ai des lingettes dans le coffre. (Sourire) »*

Les faits sont les faits, la réalité est comment vous choisissez de les vivre.

Vous avez l'alternative à chaque seconde d'appréhender les situations d'une manière qui vous élève, vous enrichit, ou non.

Qu'est-ce que la réalité ?

Selon le dictionnaire, le terme réalité signifie : "Ce qui est vrai, en opposition avec ce qui est rêvé ou imaginaire."
Votre réalité est ce que vous vivez. Or deux personnes partageant une même expérience ne la vivent pas de la même manière.
Lisez les commentaires ou les critiques d'un livre ou d'un film. Vous aurez tout et son contraire. Pourtant il s'agit bien de la même œuvre.
Toutes ces personnes ont raison : lui parce qu'il l'a aimé et l'autre parce qu'il l'a trouvé médiocre.
Par exemple prenez deux personnes qui se disputent. Vous parlez avec la première, elle vous explique que l'autre à tort et, preuves à l'appui, vous démontre qu'elle a raison.
Vous allez voir la deuxième personne, elle est aussi dans le juste mais elle avance d'autres arguments.
Qui est dans le vrai ? Ces deux personnes vivent-elles la même réalité ?

La réalité est ce que vous vivez vous. Elle est différente pour chaque personne.
Pour beaucoup la réalité est ce qui est palpable, concret, en opposition avec ce qui est ressenti.

Les personnes qui se targuent de ne croire que ce qu'elles voient, reconnaissent néanmoins la pensée. Bien que tous l'expérimentent, elle n'est pas matérielle. Aucune activité mentale ou psychique ne l'est. Pourtant les fonctions du calcul et du langage sont basés dans le cerveau au même titre que l'intuition, l'inspiration ou les perceptions extrasensorielles.

Bien des choses sont invisibles, pourtant elles sont totalement acceptées et reconnues vraies par tous, tels : certains gaz, les sentiments, toutes ces choses indiscernables car trop loin ou dans une position inadéquate, comme les particules en suspension dans l'air, qui apparaissent dans un rayon de soleil.

Parfois il faut croire pour voir. C'est en quelque sorte un des aspects appliqués de la physique quantique.
Cette dernière, avec ses « variables cachées », véhicule une évolution idéologique ayant des répercussions jusqu'en littérature et en philosophie. Les théories de la physique quantique explicitent (entre autres) les activités des atomes et des particules. Sa représentation de l'univers microscopique s'appuie sur des principes nouveaux, notamment que l'examen et l'observateur influent sur le phénomène étudié.

> *Une jeune femme me demande de l'aider pour passer son permis de conduire. Elle m'explique que pour tout examen, si c'est un homme qui auditionne ou simplement surveille, elle entre dans un tel état de stress qu'elle perd tous ses moyens.*
> *Des physiciens ont reproduit ce phénomène en laboratoire avec des protons. Selon les personnes qui observent les dits protons ainsi que ce qu'ils attendent comme résultats le test n'aboutit pas aux mêmes conclusions.*

Elle est considérée, avec le concept de la relativité générale d'Einstein, comme une des deux théories majeures du XXe siècle.

Une autre forme de relativité fut exprimée cinq siècles avant Jésus-Christ par le sophiste Protagoras : « L'homme est la mesure de toute chose ».

C'est-à-dire que vous devez tenir compte du contexte et de l'origine de la personne pour entrevoir sa réalité.
De ce fait, vous voyez la vie et les autres avec vos yeux et votre maturité du moment. Vous ne la percevez pas depuis une distance suffisante pour comprendre la globalité de l'évènement. Vous discernez une situation à travers votre propre expérience. Celle-ci peut diverger totalement de celle de la personne observée.
Ainsi pour comprendre quelqu'un, vous devez vous mettre à sa place. Or vous évaluez un cas ou un individu selon vos affinités, connaissances et principes.
Une autre personne avec ses propres goûts, notions et valeurs l'apprécie différemment. Ce que l'individu est en réalité vous échappe car vous n'avez pas assez de données pour cela. Vous n'êtes pas lui, vivant cette expérience à ce moment-là.
Autrement dit, « Vous êtes la mesure à toute chose. »

> *Une dame qui mesure un mètre soixante-treize me racontait que lorsqu'elle vivait en Espagne, elle se sentait très grande et lorsqu'elle a emménagé aux Pays Bas, elle se sentait souvent petite.*

D'autres personnes utilisent des termes comme objectivité ou impartialité.
Est-il réellement possible pour un être humain d'être objectif et impartial ? Pour cela, il devrait être détaché de toutes émotions et expériences.
Les humains ne sont pas des êtres neutres par essence. Ils sont tous uniques avec une manière personnelle de voir le monde. Tous ont l'impression d'être généralement équitables ou droits, car tous mesurent l'intégrité avec leurs propres perceptions.
Quoi que vous fassiez lorsque vous le faites, vous trouvez cela justifié.

La plupart des criminels considèrent leurs transgressions comme une évidence légitime. Ils les justifient et en sont souvent fièrs.

> *Une dame me raconte qu'elle hurle sur ses enfants et pourtant ils n'obéissent pas. Je lui soumets l'idée de changer de technique puisque celle-ci ne marche pas. Elle me répond qu'elle est obligée de crier car ils n'obéissent pas. Qu'elle a essayé toutes les autres méthodes (une fois) et qu'ils n'écoutent toujours pas. Elle n'a pas d'autre choix, elle doit hurler, pourtant, elle prétend en avoir assez de s'égosiller.*

La réalité est la somme des certitudes et des sensations. C'est-à-dire ce que vous vivez : vos émotions, vos sentiments, vos élans, etc.

Les faits, les circonstances et les évènements sont des moyens pour exprimer ce que vous vivez. Il y a une interaction entre votre état intérieur et les événements de la vie.

Lorsque vous souriez les gens vous disent que vous avez bonne mine, que vous êtes beau. Si vous êtes épuisé, il y a de grandes chances pour que vous ayez un pneu dégonflé, des coupures d'électricité, etc. Toutefois, votre réaction devant la roue de secours est également un baromètre de votre vie intérieure. Écoutez votre corps, votre ressenti ainsi vous saurez qui vous êtes et où vous allez à chaque instant. Vous vous connaitrez davantage et vous gérerez avec plus d'aisance toutes les situations.

> *Une amie guérisiologue me raconte un jour une technique qu'elle utilise régulièrement. Lorsqu'elle a besoin de quelque chose, elle s'arrête devant sa porte d'entrée et demande à l'univers de la guider vers ce qu'elle recherche. Puis, elle sort et commence à marcher en étant très attentive à son ressenti. Elle sent qu'elle a envie de tourner à droite, de prendre le bus, etc. Elle ne se questionne pas sur la*

validité de ses choix, elle avance au rythme et dans la direction que lui indique son corps. Elle avoue qu'elle n'a pas un 100% de réussite, mais que ça l'aide vraiment.

Un jour, elle emménage dans une ville qu'elle connaît à peine. Elle utilise sa technique, gare sa voiture, là où elle le sent et marche à la recherche d'un groupe de méditation. Son regard est attiré par une fée en porcelaine dans une vitrine, elle entre, achète l'objet et en sortant elle voit une carte de visite « naturopathe guérisseur » elle la prend et rentre chez elle. Quelques jours plus tard, elle appelle ce monsieur pour prendre rendez-vous avec lui. Il s'avère qu'il dirige aussi un groupe de méditation hebdomadaire.

Elle raconte également que lorsqu'elle conduit sur des routes de campagne qu'elle ne connait pas, elle se demande : « Suis-je sur la bonne route ? » et écoute son corps. Elle sait sans l'ombre d'un doute si elle est sur le bon chemin ou non.

Le choix

Les expériences que vous vivez peuvent avoir différentes origines et raisons d'être. Ce qui vous appartient c'est la manière dont vous réagissez devant ces faits.

C'est lors de catastrophes que vous avez l'occasion de manifester votre générosité. Lorsque tout va bien, vous avez moins d'opportunités de remarquer que vous êtes entouré de personnes sur qui vous pouvez compter.

Parfois, vous entendez des gens se plaindre que, lorsqu'ils étaient dans le besoin, personne n'est venu leur tendre la main. Creusez légèrement dans leur histoire et vous verrez qu'ils n'ont pas été aidés comme ils le souhaitaient, par ceux qu'ils auraient voulus.

Mais combien d'autres ont été présents pour eux ? Ont-ils accepté leur soutien ?

> *Un jour je prends une dame et sa fille en stop. Pendant la demi-heure de trajet elle répète sans cesse que : le monde est une honte, que plus personne n'aide personne. Personne ne prend plus les auto-stoppeurs. Ceci en boucle, jusqu'à ce que je puisse placer un : « Enfin, moi je vous ai pris tout de même ». Sans se démonter, elle reprend : « Mais vous ce n'est pas pareil. C'est incroyable le monde d'aujourd'hui, … »*

Si vous vivez une grande détresse, regardez comme certaines personnes vous offrent une main secourable. Acceptez leur aide même si elle est maladroite parfois.

> *Une amie a perdu toutes ses possessions dans un incendie. Bien qu'elle fut choquée par les flammes, puis par les objets à moitié dévorés par le feu et détériorés par l'eau, elle raconte cet épisode de sa vie avec beaucoup de tendresse. Ce dont elle parle le plus, ce sont toutes les démonstrations d'amour et de soutien qu'elle a reçu de son entourage. Elle s'est vraiment sentie aimée.*

Parfois, on peut vivre certaines expériences comme des drames. Un licenciement est généralement perçu comme une catastrophe. Les gens autour de vous vous plaignent et vous parlent de leur peur de manquer. Les médias vous abreuvent d'histoires noires et de crises mondiales. Souvent vous glissez sur cette pente qui n'apporte rien. Vous pouvez vous adonner au désespoir, à l'amertume et accuser les responsables de cette tragédie.
Pourtant, il y a des livres, des magazines, des émissions de télévision, des témoignages qui racontent les histoires de milliers

de personnes qui ont su rebondir sur un emploi ou une carrière qui leur convenaient davantage.
Ce sont deux possibles, il y en a d'autres. Ce que vous choisissez vous appartient. Vous restez au fond de la piscine ou vous donnez un coup de rein, vous attrapez une perche et vous remontez à la surface.
Après une période plus ou moins longue qui vous conduit à l'acceptation de ce qui est, vous regardez votre vie différemment et peut-être, un jour, vous contemplerez cette vicissitude comme une bénédiction.

> *Un jour un ami vient m'annoncer qu'il va être licencié. Il est perturbé. Il ne se sent pas reconnu ni valorisé. Il a peur du futur. Je l'accompagne dans sa démarche d'acceptation. C'est un fait, son contrat va être résilié. L'étape suivante est sa préparation à la négociation du licenciement. Financièrement, il a obtenu ce qu'il souhaitait. Sur un plan tout autre il a reconsidéré ses objectifs de vie. Je l'ai formé dans l'art de guérir et il s'est installé à son compte. Il remercie souvent son ancien patron de l'avoir libéré.*

Il y a des choses face auxquelles vous ne pouvez rien, sinon les accepter. Plus vite vous les acceptez et plus vite vous pouvez tourner la page, passer à autre chose. Lorsque vous restez bloqué sur une situation que vous n'avez pas désirée, vous vous faites doublement mal.
La seule alternative, c'est d'admettre que c'est comme ça. Vous n'y pouvez rien. Maintenant, avec cette nouvelle donnée, la vie reprend son cours.
Vous vous ouvrez aux multiples possibles. Vous regardez par les fenêtres ouvertes jusqu'à ce que vous soyez prêt à ouvrir une porte. Vous vous intéressez aux solutions.

Toutes les expériences ont deux facettes, une bonne et une mauvaise. Certaines semblent plus chargées d'aspects positifs que d'autres. Toutefois, elles possèdent toutes ces deux pôles. Les constater est indispensable à votre discernement. Autrement votre point de vue est totalement faussé.

Si l'objectivité est une utopie, ne considérer que l'aspect négatif de ce qui vous arrive est incohérent et réducteur, puisqu'il vous laisse patauger dans un sentiment d'injustice, de colère ou de tristesse.
Focaliser davantage sur le bon côté des choses n'enlève pas le mauvais, mais l'allège considérablement.

Vous choisissez à chaque seconde de votre vie ce que vous voulez privilégier dans votre existence : la bonté ou le malheur. La joie ou la peur.

Exercices pour positiver au quotidien.
1 Remerciez pour tout ce que vous avez.

- Merci, je suis en vie.
- Merci, ma maison.
- Merci, j'ai une bonne santé.
- Merci, j'ai des amis.
- Merci, ma nourriture.
- Merci, fauteuil confortable.
- Etc. La liste est infinie.

2 Dites à vos objets des choses gentilles.

- Jolie photo.
- Peigne bien pratique.
- Mon bol préféré.
- Mes chaussons tout doux.
- Super ordinateur.
- Tartine chérie.
- Etc. Soyez créatif.

3 Souriez. Souriez quand vous êtes seul et aussi souvent que possible.

4 Faites-vous des compliments.

- Je suis bon.
- J'ai réussi ça.
- Je suis un champion.
- Je suis doué.

5 Evitez les mots dévalorisants.
Au lieu de dire « pas trop mal », dites « assez bien ».
Changez le « c'est mal » par « pas bien », le « moche » par « pas beau ».

6 Essayez de ne pas faire de commentaire « négatif » lorsque ce n'est pas nécessaire.

Votre responsabilité

Un esclave n'a aucun droit. Il n'a aucun moyen pour changer sa condition.
Un employé ne prend pas les grandes décisions. Il se soumet aux consignes de son patron. Il ne peut pas de son propre chef démarrer ou arrêter un projet. Cette attitude en dehors du travail est inappropriée et déprimante.
La personne assise dans le « panier à roue » du sidecar, ne conduit pas. Elle ne choisit pas la destination. Elle n'a pas la possibilité de freiner, d'accélérer ou de virer. Elle est totalement dépendante du conducteur.
L'idéal, c'est donc d'être le maître. Or celui qui dirige est aussi responsable de toutes ses actions.
Vous avez le choix : ou bien vous avez une conduite d'esclave, d'employé non décisionnaire et ainsi vous n'êtes responsable de rien. Ou bien vous acceptez d'être responsable de votre vie entière et vous devenez votre décideur.
Vous avez le droit de rester une victime du système, ce n'est pas de votre faute, mais celle de vos parents, des circonstances, etc.
Maintenant, si vous acceptez votre responsabilité en toutes choses, voilà qui devient intéressant.

Etre responsable ne veut pas dire que vous êtes coupable, que c'est votre très grande faute. Celui qui est responsable a les moyens de changer les choses. Si vous êtes l'auteur de ce qui vous arrive, vous pouvez aussi changer votre existence.
Lorsque vous vous trompez, vous pouvez faire marche arrière ou rectifier le tir. Vous pouvez aussi mettre à profit un soi-disant échec pour rebondir sur une autre expérience plus bénéfique.

Une dame en soin me dit qu'elle rêve de vivre à la campagne. Pourtant à cause de son mari elle vit dans une grande ville, à quelques minutes à pied de son travail. Il ne veut pas déménager en campagne, avant leurs retraites, à cause des embouteillages.
Cette femme vit une grande détresse devant l'insensibilité de son mari. Elle parle avec la même intensité que si elle était torturée par un homme pervers.
Pourtant, elle reconnaît volontiers qu'elle s'est mariée par amour. Que son mari est un homme tout à fait agréable à vivre, que le seul problème, c'est leur lieu d'habitation, un bel appartement au septième étage.
Elle me confie qu'elle pense tous les jours à divorcer pour partir vivre en milieu rural. Mais elle ne veut pas quitter son travail, ni traverser les embouteillages.
Il n'y a aucune solution à son problème.
Malgré cela elle continue à se plaindre de son mari qui ne veut pas déménager.
Depuis 20 ans, elle souffre. Je lui suggère d'accepter la décision qu'elle a prise de se marier, de travailler et de vivre en ville. Puisque de toute manière c'est fait et c'est déjà comme ça.
Elle réagit très violement, elle ne va pas se rendre et arrêter de se battre tandis qu'elle veut autre chose !
Alors, je lui assène : « Vous avez deux solutions : soit vous restez malheureuse pendant encore 10 ans, soit vous divorcez et vous démissionnez, comme ça vous pourrez vivre où vous voulez. »
Elle est choquée par mes propos.
« Il est temps que j'apprécie ce que j'ai », finit-elle par accepter.
A partir de là, nous avons pu progresser.

Vous savez déjà qu'une attitude mentale positive favorise largement une réalité saine et agréable. Suffisamment d'articles et

de livres ont été publiés sur le sujet par des personnes reconnues dans leur domaine : scientifique, sportif, médical, etc.
Etre terre-à-terre ou rationaliste ne veut pas dire être défaitiste ou amer, au contraire.

Le pragmatisme est un procédé philosophique selon lequel n'est vrai que ce qui a une conséquence pratique et effective. Donc, la clé pour résoudre un débat est : est-ce que cela changerait le résultat ? Si oui, ouvrez votre esprit à cette proposition. Si non la discussion est futile.
Il est prouvé que la pensée positive influence la réussite d'un objectif.

> *Une dame à qui j'expliquais les avantages de la pensée positive me lance un « Non, ce n'est pas vrai ! La pensée positive ne marche pas ! Mon mari était le plus positif des hommes et il est tout de même mort de son cancer ! »*
> *Etre positif ou pas n'empêche pas de mourir, toutefois cela rend la vie beaucoup plus agréable.*
> *Parfois, dans certain cas, cela peut effectivement être une aide décisive dans le rétablissement de la santé.*

Lorsque vous êtes optimiste et confiant vous invitez des opportunités, des expériences profitables. Vous les créez vous-même ou bien vous les attirez. Lorsque vous vous sentez chanceux, la chance est partout. Si vous vous savez béni, vous l'êtes.
Votre tournure d'esprit forme le prisme au travers duquel vous percevez les mouvements de votre vie. Ainsi votre inclination mentale est ce qui dirige votre existence. Vous percevez ce que

vous êtes disposé à voir. Lorsque vous ne vous sentez pas bien, rien ne va.

En tant que responsable, vous pouvez aussi décider de vous débarrasser de tout ce qui ne va pas. Vous pouvez débuter par un bilan rapide ou approfondi, une liste de ce qui ne vous convient plus.

Une bonne idée est de commencer par faire du nettoyage par le vide : les armoires, le grenier, la cave, la remise, le garage, les cartons, etc.

Puis de vos opinions, certitudes, engagements, etc.

Exercices pour se libérer du passé.

1) Débarrassez-vous de tous les objets non utilisés depuis plus de 3 ans. Ou bien ressortez-les et utilisez-les.

2) Scrutez votre intérieur. Retirez tous les bibelots, livres, meubles que vous n'aimez plus. Peu importe qui vous les a offerts. Vous n'êtes pas esclave des cadeaux. Vous pouvez toujours le rendre à la personne qui vous l'a donné. Les personnes offrent souvent ce qu'elles aimeraient pour elles-mêmes.

3) Ouvrez vos armoires avec un grand sac à la main. Faites disparaître tout ce qui appartient à une autre génération ou une autre vie.

Séparez-vous de tous les vêtements que vous n'avez pas portés depuis plus de 3 ans. Ils sont démodés de toute façon. Cette démarche n'est pas toujours facile, mais le résultat est phénoménal. Vous vous sentirez léger et même rajeuni.

Lorsque vous vivez dans un lieu sain et libre du poids du passé, vous voyez tout d'un œil nouveau.
Il est temps de passer à l'étape supérieure.
Qu'est ce qui, dans votre vie, n'a plus lieu d'être ? Etes-vous avec la personne que vous aimez ? Exercez-vous la profession que vous souhaitez ?
Posez-vous toutes ces questions qui dérangent. Osez regarder votre vie en face. Vous pouvez ensuite choisir de ne rien changer, mais c'est vous qui l'aurez décidé.
Nombreux sont ceux qui s'accommodent d'une existence médiocre car ils n'imaginent pas qu'elle puisse être meilleure. Vous qui avez décidé d'être le scénariste de votre vie, vous savez qu'elle est entre vos mains. Si vous voulez installer un canapé neuf vous devez d'abord sortir l'ancien.
Dans une armoire encombrée, il n'y a pas d'espace pour de nouveaux vêtements. Si votre vie est pleine d'inquiétudes et de mécontentements, vous n'avez pas de place pour le sourire et la paix du cœur.
Vous êtes responsable de tout ce qui vous arrive et c'est merveilleux.
Vous vivez une expérience désagréable ? Cherchez comment vous l'avez provoquée, revisitez vos modes de pensées, vos actions.
Quoiqu'il en soit, ne vous culpabilisez pas pour autant, tirez-en la bonne leçon.
Autorisez les désagréments au plus vite et passez à autre chose.
Souvent c'est la maladie, la douleur dans la chair et l'esprit, qui induisent le changement positif. Parfois, certains endurent d'incroyables souffrances avant de se réveiller et de prendre les choses en mains.
« Plus jamais ça ! »

Vous êtes totalement responsable de comment vous vivez votre vie. Si vous rejetez la faute sur quelqu'un vous n'êtes plus responsable. Alors vous devenez un esclave, une victime. Si vous dirigez, vous faites face. Vous réglez le problème de votre mieux et vous continuez votre vie, plus léger.

> *Une histoire que vous entendez souvent de la bouche de bien des personnes : « J'étais très malade. J'ai accepté ou bien compris ma souffrance. Je me suis guéri. Ma vie a radicalement changé depuis ! ».*

La gratitude

La gratitude est le plus court chemin vers le bonheur.
Parfois votre regard sur la vie est si sombre que vous ne pouvez même plus voir ce qui est beau en vous et autour de vous. Pourtant, vous êtes vivant. Merci à votre corps.
Vous avez perdu quelqu'un mais il vous reste encore des gens à aimer. Merci d'être là.
Vous êtes malade, mais vous pouvez encore sourire. Merci à la vie.

Dans toutes les circonstances, il y a toujours de quoi remercier.
Tant que vous ne perdrez pas cela de vue, vous vous en sortirez toujours.
Vous vous êtes cassé une jambe. Merci, vous êtes encore en vie.
Vous ne pouvez pas aller travailler. Merci, vous vous reposez.
Vous perdez de l'argent. Merci, vous êtes capable de faire autrement.
La gratitude est une manière de penser et d'être. Lorsque vous voyez le côté positif de chaque chose, vous passez la journée à

remercier. Or vous savez bien que vos pensées génèrent vos actions. Plus vous remerciez et plus la vie vous fournit de bonnes raisons de remercier.
Remerciez le soleil de ses caresses.
Remerciez les êtres que vous aimez d'exister. Remerciez vos aliments, votre argent, votre fauteuil, etc.
La négativité et la positivité sont les deux faces d'une même pièce. Devant un fait, un événement, vous pouvez choisir de voir le côté bénéfique ou le côté néfaste. Le choix vous revient.
Le côté négatif existe autant que le côté positif. Sur lequel vous allez concentrer votre attention est votre décision. Celui que vous choisissez entraîne davantage d'expériences de ce genre, positives ou négatives.

Un monsieur me racontait que depuis qu'il cultive la pensée positive sa vie s'est grandement améliorée. Maintenant il s'amuse à chercher des choses « négatives » qu'il étudie et recherche les aspects positifs de cette situation. Un exemple qu'il m'a cité est la fête de Noël. Cette fête s'éloigne de son symbole religieux un peu plus chaque année. Elle devient une affaire commerciale, où l'excès de nourriture et d'alcool font rage.
Voilà sa philosophie : Le père Noël est un symbole d'espoir. Il réveille le merveilleux.
Les lumières sont joyeuses et certaines décorations sont extrêmement belles. De nombreuses personnes attisent leur côté artistique à cette période.
Les cadeaux sont l'occasion de pratiquer le don. Ça fait tellement plaisir de savoir que l'on va apporter un sourire aux lèvres d'une personne que l'on aime.
Beaucoup de familles ne se voient qu'a Noël. S'il n'existait pas, certaines ne se verraient plus du tout.

Tous ceux qui s'autorisent à se laisser emporter par la magie de Noël ressentent une joie profonde et pardonnent plus facilement. C'est une belle opportunité pour être heureux, partager et s'amuser. Il fait ça avec tout, c'est extraordinaire !

Pour certains, ils sont dans un tel schéma de pensée qu'ils ne peuvent pas remercier. Ce serait comme rejeter la validité du malheur qui les submerge. Comme si remercier voulait dire qu'ils ont tort alors que ce sont eux les victimes dans cette situation.
Ce qu'ils ressentent est totalement justifié parce qu'ils le vivent.
Vous avez tout à fait le droit de vous sentir comme vous vous sentez. C'est un fait, vous n'êtes pas heureux, vous n'avez ni la paix ni le bonheur que vous souhaitez. Tout le monde mérite d'être heureux et surtout vous.
Quelles que soient les circonstances qui vous ont amené à subir votre vie, aujourd'hui, vous pouvez commencer à relever la tête et à changer votre regard sur le présent. Vous ne pouvez peut-être rien faire du passé mais le présent est un cadeau que vous vous offrez à chaque seconde. Il n'est jamais trop tard. Maintenant est le moment idéal pour améliorer votre vie.
Le premier pas vers la paix est de reconnaître ce qu'il y a de bien chez vous, dans votre entourage et dans votre existence. Puis, délicatement, focalisez vos pensées, votre regard, vos actions sur ces aspects positifs. Ceci en leur donnant de l'importance, en les remerciant.
Gloire à vous qui avez la force et le courage de réorienter vos pensées.
Naturellement, vous vous libérerez de ce qui vous afflige, une chose après l'autre.
Si cette démarche doit prendre un an ou cinq ans, ce sera toujours plus rapide que jamais !

Exercices pour pratiquer la gratitude.
1 Chaque soir avant de vous coucher trouvez au moins trois choses pour lesquelles remercier.
2 A chaque fois que vous souriez dites (pensez) merci. Un beau merci à vous-même.

Personne n'est parfait, mais tout le monde enrichit l'humanité. Voyez à quel point tout votre entourage est intéressant. Trouvez une bonne qualité à chaque personne qui vous est proche, même à ceux que vous exécrez ou que vous n'appréciez pas. Votre monde intérieur en sera grandement ennobli. Vous ne verrez plus les gens avec le regard chargé de vos émotions, mais plutôt avec l'étiquette de la lumineuse qualité dont vous les avez parés.
Vous souriez en y pensant, vous remerciez et la vie devient de plus en plus agréable.

Un monsieur me racontait qu'il avait vécu une expérience fabuleuse pendant un de mes ateliers. J'avais proposé à chacun de trouver une qualité remarquable sur la personne à sa droite. Il raconte qu'il a dû se forcer à ouvrir son cœur car il détestait cette personne. Il la trouvait malpolie et indécente.
Désireux de participer à cet exercice, il s'est centré, a calmé son mental et a pu regarder cette personne avec neutralité, voire même avec une certaine tendresse. Il s'est souvenu qu'il avait apporté des croissants pour tout le monde. Il a perçu sa générosité.
Depuis, lorsqu'il le voit, il se souvient du sentiment que cette expérience a généré en lui et lorsqu'il parle de lui, il dit « il est généreux » en souriant gentiment.

Cette personne ne réveille plus en lui le dégoût, mais une forme d'affection. Belle expérience !

La valeur

Le travail est important. Il faut gagner sa vie. L'argent est la monnaie d'échange en vigueur aujourd'hui.
Remplacez le mot travail par contribution à la société. Au lieu de penser à votre travail comme votre gagne-pain, voyez-le comme votre participation à la vie de votre ville, à votre culture, à votre communauté.

Une dame en soin me confiait qu'elle n'avait aucune valeur car elle n'avait pas assez d'argent. Le fait d'avoir élevé trois enfants, accompagné ses parents jusqu'à la fin et aidé beaucoup de gens grâce à son humanité et sa générosité n'avait aucun poids dans la balance d'Osiris, pour elle.
Cela donne à réfléchir : si vous vous étiez vous-même présenté devant « la pesée du cœur », de quel côté pensez-vous que pencherait le plateau ? Cette référence à la mythologie égyptienne peut aussi être interprétée de manière plus contemporaine : seriez-vous dans les petits papiers de Saint-Pierre ?
Quelle est donc la mesure de votre valeur personnelle ?

Quoique vous fassiez, vous apportez votre grain de sable au fonctionnement des choses. Vous avez de l'importance. Vous avez du poids. Vous avez de la valeur et cela quelle que soit votre échelle de mesure.

Un bébé qui ne sait ni parler, ni marcher transforme instantanément l'ambiance par sa seule présence.
Un animal domestique, les couleurs du papier peint, un feu de cheminée, un bouquet de fleurs sur la table métamorphosent la maison et votre humeur. Considérez l'impact d'un être humain tel que vous. D'un être pensant, créateur et vivant au sein d'une société en développement constant.
Par exemple lorsque vous êtes malade, vous souffrez de votre affliction, mais toutes les personnes autour de vous sont touchées également. Chacun réagit à sa manière, votre santé affecte tous ceux que vous rencontrez. Chez certains elle réveillera de vieilles douleurs, chez d'autres de l'incompréhension ou de la compassion. Chaque personne gère comme il peut ce que vous lui présentez en étant malade.
Il en va de même lorsque les couples se séparent. Cette décision qui ne regarde qu'eux a néanmoins une implication dans la vie de tous ceux qui les connaissent, toute leur famille, leurs amis, leurs collègues, leurs voisins, etc. Chacun remet en question sa propre histoire de couple passée ou présente et sa vision de la vie.
Chacune de vos actions a une répercussion, un effet sur vous-même et sur la communauté terrienne entière. Les conséquences d'un de vos actes, aussi infime puisse-t-il paraître à vos yeux sont tel un petit caillou lancé sur une flaque d'eau. Il provoque beaucoup de ronds qui se déplacent vers les extrémités. Il met en mouvement une réaction en chaine.
A chaque seconde de votre vie, vous avez le choix de vous construire une vie meilleure mais également d'influencer positivement les mouvements mondiaux.
Les humains ont tendance à se copier les uns les autres. Ce qui est très positif. Puisque cela permet l'évolution. Soyez attentif à vous-même. Lorsque plusieurs personnes vous ont souri

amicalement, vous souriez vous aussi, même si au départ vous n'en aviez pas envie.
Pareillement, vous êtes de bonne humeur, vous croisez plusieurs personnes agacées, si vous ne restez pas ancré dans votre choix de gaité du moment, vous imitez ces personnes.
Pensez toujours que vous êtes unis au reste du monde. A chaque seconde vous faites le choix de ce que vous vivez et de ce que vous transmettez. Avec chaque respiration vous partagez qui vous êtes, avec chaque geste ou parole vous inspirez imperceptiblement l'univers par votre enthousiasme et vos opinions.
Ressentez comme vous pouvez passer d'une émotion à une autre, d'un état d'être à un autre, selon les personnes rencontrées.
Même sans sortir de chez vous : vous choisissez les programmes que vous regardez à la télévision, ils vous influencent.

Devant quelqu'un de désagréable, vous avez la possibilité de l'imiter ou bien de rester vous-même. Vous préférez le rejoindre sur son terrain, c'est votre prérogative. Par contre, si vous décidez de ne pas jouer à ce jeu-là, vous lui offrez l'opportunité de venir vous retrouver.
Quelqu'un de stressé va doucement se calmer en présence d'une personne sereine.
Un masque de sérénité posé sur un mental en ébullition tombera en quelques secondes devant une personne énervée. La personne en face de vous vous révèle votre propre état d'être.
Parfois, vous pensez que cette personne est « négative » parce qu'elle se plaint tout le temps de tout. Sa présence vous dérange. Elle réveille votre facette « négative ». Regardez-vous. Une partie de vous est ce que vous voyez : intolérance, destruction ou obstination.

De la même manière, ce que les gens pensent de vous est ce qu'ils voient d'eux-mêmes, plus ou moins consciemment. Ne vous inquiétez donc pas de ce que les autres peuvent ou non penser. Soyez vous-même, vous êtes une pure merveille.

Une histoire pour illustrer cela :
Un homme, son fils et leur âne partent se promener. En chemin ils croisent des gens qui disent : « Quelle honte, ils ont un âne et ils ne montent même pas dessus. Ils marchent à côté, qu'ils sont bêtes ! »
Alors le père aide son fils à monter sur le dos de l'âne. Ils croisent un autre groupe de personnes, ceux-ci sont affligés de voir le fils sur l'âne alors que l'homme marche à côté.
L'homme monte avec son fils sur l'âne. Bientôt, ils rencontrent quelqu'un qui ne peut s'empêcher d'exprimer son mépris devant cette situation « Pauvre bête, pauvre âne qui doit porter le père et le fils ! Misère ! ».
Le fils descend de l'âne juste avant de rencontrer une autre personne qui les regarde passer en secouant la tête « Quelle tristesse, il pourrait laisser l'enfant sur le dos de l'âne tout de même ! »
De toute façon, il y aura toujours quelqu'un pour vous critiquer, alors faites-en à votre tête !

Etre aimé

L'amour est éternel. Toute personne que vous avez aimée, vous l'aimerez encore. Peu importe le vécu, les émotions et les pensées qui vous séparent. Un lieu dans le temps est marqué d'une magnifique pierre : « Aimé ». A cet endroit vous avez aimé. Ici, vous avez été aimé. Cette personne est partie. Vous n'y pensez

plus. Aujourd'hui vous la détestez. Qu'importe, dans un espace-temps donné, cet amour est réel.
Vous portez en vous la marque de l'amour.
Il a bien des formes et bien des intensités. Mais l'amour c'est l'amour. Que ce soit l'amour du bébé pour ses parents, les premières amitiés à la maternelle, les premiers amours d'adolescent, les amis, le grand amour, les conjoints, les enfants, les animaux, etc.

Aimer, c'est aimer. Que cet amour ait été déçu, broyé ou oublié, il a existé, il est. Tous ces amours que vous portez en vous peuvent être utilisés comme une force.

Exercices pour conscientiser l'amour.
- Notez toutes les personnes que vous avez aimées depuis votre naissance.
- Notez ensuite toutes les personnes qui vous ont aimé.
- Visualisez l'amour que vous détenez puis ressentez-le dans votre corps. Laissez cette force vous envahir.
Vous pouvez refaire cet exercice souvent.

Ressentez cette puissance d'amour qui vous habite. Elle vous appartient. C'est la plus grande richesse. Alors donnez-lui l'importance qu'elle mérite.
Certains ont parfois l'impression qu'ils n'aimeront plus, ou qu'ils n'en sont plus capables. Ce n'est qu'une réaction causée par des douleurs émotionnelles.

L'amour est indispensable à la survie. Vous ne pouvez pas vivre sans oxygène ou sans eau. Sans amour vous mourrez aussi. Heureusement qu'il reste stocké en vous. Autant celui que vous générez que celui que vous recevez. L'amour est force de vie, de guérison et d'ouverture.

Parfois, il suffit qu'une seule personne se détourne pour que vous vous pensiez non aimé. Vous oubliez toutes les autres qui vous aiment. Vous pensez peut-être que cette personne ne vous aime pas ou plus, vous en souffrez. Votre peine, votre douleur peuvent vous emmener dans un état de privation psychique d'amour. Ainsi vous présentez des symptômes similaires à une insuffisance en oxygène ou une déshydratation. Votre corps réagit à cette carence d'amour.

Au contraire de l'oxygène et de l'eau, votre corps stocke l'amour ad vitam aeternam, pour toujours. Ce qui lui permet de vous maintenir en vie. Une privation psychique d'amour, c'est-à-dire un blocage à l'accès naturel à l'amour, peut provoquer de graves répercussions sur la santé et la condition de vie. Si c'est le cas, il est temps de vous prendre en main et de résoudre cela.

Vous pouvez commencer par pardonner. À vous-même ainsi qu'à toutes ces personnes qui ont provoqué en vous un sentiment d'injustice, de tristesse ou de colère.

Tant que vous avez le sentiment d'avoir été lésé ou que l'on vous a fait du tort, vous n'avez pas pardonné. Le pardon, ce n'est pas excuser le mal. C'est vous libérer de cette souffrance et de ces chaînes qui vous accrochent à un triste passé.

Le pardon est un merveilleux cadeau que vous vous offrez à vous-même. Vous vous souvenez des faits sans ressentiment, sans

rancune et sans douleur. Vous ne vous cachez pas vos émotions, non, vous les avez regardées, acceptées et laissées partir.
Vous ne pouvez pardonner que ce dont vous avez réellement conscience et accepté comme vrai. Car bien souvent les gens qui ont beaucoup souffert pensent qu'il y a bien pire qu'eux, que ce n'était pas si grave.

Vous devez premièrement vous donner le droit de ressentir ce que vous ressentez, quoi que ce soit, même la haine, la rage ou le désespoir. Vous ne les inventez pas. S'ils sont en vous, vous les cacher ne fera qu'accroître leur pouvoir. Ce qui est tenu secret pourrit de l'intérieur.
Le pardon est un processus émotionnel mais aussi mental. Vous devez comprendre ce qui s'est passé et pourquoi l'offenseur a agi ainsi. C'est seulement après que vous pourrez pardonner dans votre cœur et avec tout votre être. Faites-vous aider dans cette démarche. Pardonner signifie : vous aimer (davantage).

Certains d'entre vous n'identifient pas l'amour. Ils ne conçoivent pas qu'ils ont été aimés ou qu'ils le sont. Ils ne ressentent aucune forme d'amour pour personne. Le problème n'est pas qu'ils n'aiment pas mais qu'ils ne le ressentent pas. Ceci est diffèrent. Ils aiment, mais ils ne le conscientisent pas.
Par exemple : cette personne part et elle vous manque terriblement. Vous ne vous y attendiez pas.
Vous l'aimez.
Vous le remarquez lorsqu'il y a un manque. Si ce fait est vrai pour cette personne, peut-être aimez-vous d'autres personnes sans vous en rendre compte. Le temps est venu d'accepter que vous aimez et êtes aimé, même si ce n'est pas de la manière dont vous l'exigez.

Certains pensent qu'ils n'ont pas reçu assez d'amour, c'est pourquoi ils ne peuvent pas en donner. Dans ce cas, faites tomber la barrière mentale du jugement et regardez à quel point l'amour n'a pas grand-chose à voir avec ce que vous croyez.

Les gens ne répondent pas toujours à vos besoins. Ils ne sont pas présents, attentifs ou doux. Parfois, il vous arrive de préférer vous morfondre plutôt que de tendre la main à un être cher. Pourtant vous l'aimez.

Vos actions sont les conséquences de vos pensées, l'amour est inhérent à l'humain. Combien de fois avez-vous été odieux avec les personnes que vous aimez le plus ? C'est bien dommage : il est temps d'y remédier.
Toutefois, notez bien que vos actions ne sont pas toujours reliées à l'amour que vous portez. Elles sont en lien direct avec votre conscience et vos pensées.

> *Un monsieur m'expliquait en soin qu'il ne comprenait pas comment son veuvage pouvait autant l'affecter alors qu'il n'avait pas aimé sa femme tant que cela. Il avait subi son avarice, ses infidélités et ses caprices toute sa vie d'homme. Il pensait la haïr et être soulagé par son décès. En fait il la détestait en pensée, mais au fond de son cœur, il nourrissait secrètement l'espoir qu'elle change et qu'elle devienne celle qu'il avait cru épouser. Sa haine vis-à-vis de son épouse pendant toutes ces années, sa rage pour accepter de subir sans rien y faire n'avait pas altéré l'amour du jeune homme, il était juste caché derrière ses tourments. Une fois qu'il a compris cela, il a enfin pu entreprendre le processus du deuil et sa vie s'est bien améliorée.*

Plus vous aimez délibérément et plus votre vie est plaisante et intéressante. Vous êtes en bonne santé, ouvert, entouré, dans l'abondance et dans la joie.

Vous portez l'empreinte de l'amour en vous. Que vous ayez été aimé ou que vous ayez aimé, cela ne fait aucune différence, c'est la prérogative miraculeuse de l'amour. Donné ou reçu, l'amour est une source.

> *Une dame m'explique en soin que sa mère ne l'avait pas aimé. Ce qui la rend la plus triste c'est que ses proches ne la croient pas. On lui disait « Mais non, toutes les mères aiment leurs enfants ! »*
> *Elle ne se sent pas reconnue dans sa douleur et donc y reste prostrée. Selon elle, c'est la raison pour laquelle elle ne s'aime pas car elle n'a pas reçu l'amour de sa mère.*
> *Donc, je reconnais que sa mère ne l'aimait pas. Ce qui la soulage énormément. Je lui demande si son père l'aimait ? Elle me dit que oui. Je lui demande si son frère et sa sœur l'aimaient. Elle acquiesce encore. Je continue avec ses amis, ses propres enfants, ses cousins, ses tantes, ses ex à l'époque où ils étaient encore ensemble, les enfants avec qui elle travaille, etc. A chaque fois elle me dit : oui. Petit à petit elle se détend. Alors je lui répète : « Votre mère ne vous aimait pas ». « Non », affirme-t-elle. Je reprends, « C'est vrai, mais est-ce que tous les autres ne comptent pas ? »*
> *Avez-vous été aimé ? Etes-vous aimé ?*

Le chemin de l'éveil, de l'amour, du bonheur, a trois étapes essentielles :
La première est la structure de l'individualité et de l'estime de soi. C'est-à-dire une connaissance de soi basée sur l'écoute de son

corps et l'épanouissement de ses talents innés. Ce sont les bases de la réalisation personnelle.
Puis la deuxième est le rôle dans la communauté et le relationnel. S'émerveiller de l'autre et de ce qui est différent, permet l'accomplissement de la vie sur terre.
Enfin, la troisième est l'ouverture vers le divin et la transcendance. Car le renoncement au contrôle mental au profit de l'intuition divine, est la sublimation de l'être.

En d'autres termes prenez soin de vous et voyez comme vous êtes bon, comme les gens qui vous entourent sont merveilleux et que vous pouvez embellir le monde.

Vos actions

Vous dites à vos enfants : « Faites ce que je dis » et eux, ils font ce que vous faites.
Certains enfants sont stressés, ils n'arrivent pas à se concentrer, ils n'obéissent pas, ils se disputent entre eux, ils ne respectent pas l'autorité, ils sont violents, ils sont renfermés, ils s'adonnent aux jeux vidéo comme à une drogue, ils mentent, etc.
Pensez-vous qu'ils puissent à leur manière vous imiter ?

> *Une dame, chef d'entreprise, me raconte que sa fille avait appelé un numéro S.O.S pour les enfants. A l'école un intervenant leur a donné un numéro de téléphone au cas où ils auraient eu besoin d'aide.*
> *La petite fille de 6 ans, demande à ses parents de déplacer l'armoire de sa chambre. Ils lui répondent : « Plus tard, ce n'est pas le moment ». La gamine ne se désarçonne pas, elle prend le téléphone et*

annonce qu'elle a besoin d'aide pour déplacer une armoire. Une heure après la police et des représentants des services sociaux se présentent au domicile, exigeant de voir l'enfant. L'histoire n'a pas été simple pour les parents.
La maman me dit « Mais où va-t-elle chercher ses bêtises ? »
Elle a seulement fait comme sa maman, qui lorsqu'elle a besoin de quelque chose prend le téléphone, demande et rapidement reçoit satisfaction.

Les enfants naissent avec cette faculté extraordinaire de reproduire les agissements de leur entourage. Puis en grandissant, cette facilité s'estompe chez beaucoup de personnes. Cependant, elle reste latente.
Les deux extraordinaires avantages que cette qualité représente sont la capacité d'évolution et l'aptitude à inspirer positivement ses proches.

Généralement, vous êtes attiré par des personnes avec qui vous partagez des points communs. Parfois, l'un d'entre eux diffère des autres. Il a des qualités ou une perception de la vie bien différente. Même si vous n'abandonnez pas votre vision du monde, vous êtes exposé à un autre possible. Ainsi, vous avez l'opportunité de remarquer votre point de vue, de réfléchir à votre situation et peut-être de la changer.
Au moins, vous avez ouvert votre esprit à une autre réalité.
Occasionnellement, vous observez une manière d'agir chez quelqu'un que vous jugez meilleure que la vôtre. Alors, vous l'introduisez dans votre quotidien. Petit à petit, vous vous ouvrez à d'autres façons de vivre. Vous grandissez dans la compréhension de vous-même et du monde.

Là est toute l'utilité de lire des livres de développement personnel. Ils vous donnent des idées pour améliorer votre quotidien. Plus vous lirez, regarderez de films et des émissions constructives, plus vous élargirez le spectre de possibilités qui s'ouvre à vous dans tous les aspects de votre vie. Sortir de votre train-train habituel vous permet de découvrir d'autres réalités pour améliorer la vôtre. Allez écouter une conférence insolite, visitez un lieu qui ne vous attire pas spécialement, recherchez la compagnie de quelqu'un qui vous inspire.

Autant de possibilités pour révéler des trésors cachés en vous. Bien sûr, vous voyez et entendez seulement ce qui sommeille dans vos profondeurs. Ce qui veut dire que vous êtes apte à dévoiler vos merveilles enfouies. Vous disposez des aptitudes nécessaires pour les introduire dans votre réalité et commencer la métamorphose que vous souhaitez.
Si vous percevez cette qualité chez l'autre, c'est que vous en avez au moins la capacité sinon vous ne la remarquez même pas.
Par exemple, vous admirez la patience de telle personne. Peut-être en manquez-vous. Toutefois, vous en avez le potentiel, sinon vous ne l'auriez pas retenue. Donc, pour vous, devenir patient est un but envisageable. Regardez comment cette personne pratique sa patience.
Au lieu de vous dire que vous n'en êtes pas capable, cherchez un aspect que vous pourriez adoptez. Lorsque vous choisissez d'imiter consciemment une manière d'être, votre vie prend une toute autre tournure. Vous ouvrez les portes à tout un univers de potentialités.

Exercice pour bénéficier des qualités des autres.
- Qui dans votre entourage possède une qualité qui vous fait défaut ? Quelle est-elle ?
- Notez comment cette personne l'utilise.
- Lequel de ces aspects vous paraît à votre portée, copiable ?
Choisissez un but atteignable, pour être sûr de réussir, un pas à la fois !
- Mettez–le en place.
Une fois compris, acquis, maîtrisé, choisissez-en un autre et appliquez–le.

Les personnes qui vous sont les plus proches déteignent sur vous et vous sur eux.
Si vous fréquentez des personnes violentes ou mécontentes, vous le deviendrez. Vous les fréquentez car vous avez de l'agressivité ou de l'irritation, leur présence active et exacerbe vos dispositions.
De la même manière vous attisez et augmentez vos points forts chez les personnes qui vous entourent.
Si vous êtes joyeux et souriant les gens se dérident et se détendent en votre compagnie.
Par exemple, avec quelqu'un qui critique tout et tout le monde, n'alimentez pas son venin, il se tarira de lui-même.
Par contre, s'il réveille le mécontentement en vous et que vous choisissez de ne pas jouer à ce jeu, partez. Vous n'avez aucune raison de vous soumettre à ces exercices masochistes.
Pas besoin de condamner cette personne, vous souffrez de la même affliction. Acceptez que vous le soyez aussi et si vous le souhaitez, changez ça en vous, faites-le disparaître de votre réalité personnelle.

Lorsque vous admirez une qualité chez quelqu'un c'est que vous la possédez également. Vous avez peut-être besoin de la polir un petit peu, mais elle est là en vous.
Si vous appréciez quelque chose chez une personne, vous avez cette même aptitude épanouie ou en développement.

> *Une amie guérisiologue me raconte que plusieurs années auparavant elle admirait les gens qui restaient stoïques devant les évènements. Elle se reproche de s'emporter très vite et de juger « négativement » tous ceux qui ne pensent pas comme elle.*
> *La guérisiologie est une technique qui se pratique sur soi premièrement.*
> *Ainsi, elle me confie que maintenant qu'elle a réglé ses problèmes émotionnels, elle s'est rendu compte qu'elle tolère à peu près tout le monde sans sourciller. Ce qu'elle prend pour du stoïcisme est devenu de l'amour pour son prochain.*
> *Elle apprécie désormais ce qui est différent d'elle.*

<u>Le plus simple</u>

> *« Il semble que la perfection soit atteinte non quand il n'y a plus rien à ajouter, mais quand il n'y a plus rien à retrancher » Antoine de Saint-Exupéry.*
> *« La simplicité est la sophistication suprême. » Léonard de Vinci.*

La motivation, la passion et la persévérance sont de merveilleuses vertus. Elles sont nécessaires à la réussite des rêves et des ambitions.

Néanmoins, le plus grand de tous les défis est sûrement d'accepter que la vie est simple.
Lorsqu'il s'agit de réaliser des choses compliquées, d'apprendre laborieusement, là beaucoup savent comment s'y prendre. Plus c'est dur et plus ils ont le sentiment d'être bons. Ils se sentent forts et intelligents.
S'ils se sont battus, qu'ils ont souffert pour quelque chose, ils pensent que cela a plus de valeur.
Le problème, c'est que prendre la voie ardue est rarement un choix conscient. La plupart du temps vous êtes attiré par ce qui est difficile, comme un moustique par la lumière. Rares sont ceux qui conçoivent l'option de la voie de la simplicité. Certains disent : « Oui, mais pour lui c'est facile ! », comme si c'était un affront ou un défaut.
Beaucoup pensent qu'il faut énormément réfléchir, analyser, calculer, maîtriser, contrôler. Ça c'est le chemin ardu.
En réalité, vous gâchez votre énergie, vous gaspillez du temps sur ce qui compte vraiment, parfois vous y laissez la santé ou les relations.

Lorsque la vie vous offre des orties, faites de la soupe, du purin, une plantation ! Etudiez-les, rentabilisez-les !
Perfectionnez vos capacités innées et optimisez votre potentiel.
Si l'herbe est réellement plus verte chez le voisin, vous ne profitez pas de votre terrain à sa juste valeur.

Le plus simple, c'est d'écouter votre intuition. Elle vous guide sur le 'comment' et le 'quand' de chaque étape de vos projets, de votre vie. Lorsque vous nagez avec le courant, vous avancez plus vite, sans fatigue et c'est agréable.

L'inconvénient d'avoir tout pensé, tout prévu, tout calculé, c'est que vous ne laissez pas de place aux cadeaux de l'univers. Vous essayez de contrer toutes les possibilités d'erreurs, d'échecs, de souffrances, vous anéantissez aussi toutes les chances, toutes les occasions d'une plus grande réussite.
La rigidité d'une structure ne fait pas sa force. L'inflexibilité que le mental entraîne peut vous apporter une forme de succès, mais à quel prix ?
Votre intuition valorisée dans une structure mentale légère vous permet de réviser vos plans en accord avec les contingences et les opportunités.

Votre mental est un outil, au même titre que votre auriculaire. Ils sont tous les deux pratiques. Or vous n'utilisez pas votre petit doigt sans cesse et pour tout.

Chaque seconde, vous avez le choix : garder l'illusion de contrôler ou suivre le courant et saisir les bonnes occasions.

> *Une étudiante est venue me consulter pour l'aider à apprendre plus facilement. Elle peinait beaucoup pour obtenir des résultats moyens.*
> *Le soin a pris une tournure tout à fait particulière car cette jeune femme n'avait aucun problème d'apprentissage. Elle n'étudiait pas ce qu'elle avait envie. Elle avait tourné le dos à sa vocation : le soin aux animaux. Tout son corps y compris son cerveau refusait de l'accompagner sur le « mauvais » chemin.*
> *Insatisfaite de la séance, elle n'est jamais revenue me voir.*
> *Quelques années plus tard je l'ai rencontré sur un salon et elle m'a dit qu'après deux années d'études laborieuses et infructueuses, elle s'épanouissait maintenant dans un zoo. Elle poursuit des études dans ce domaine.*

La clé est le discernement. Lorsque vous écoutez une information, écoutez également ce qu'elle éveille en vous. Plus vous vous écouterez, plus vous entendrez la sagesse intuitive de votre corps et plus elle vous guidera aisément vers ce que vous souhaitez.
Prêtez attention à l'intention que vous mettez dans chacune de vos actions. Vous en avez toujours une.
Donner de l'attention à vos pensées et aux réactions de votre corps, vous aidera à discerner ce qui vous convient ici et maintenant.
Faites l'exercice, concentrez-vous sur votre corps pendant que quelqu'un parle. Vous noterez qu'après certains mots ou certaines évocations, votre cœur s'accélère, votre respiration ralentit ou se bloque, vous croisez les bras ou les jambes. C'est très intéressant, donnez-vous de l'importance, écoutez votre sagesse intérieure en prêtant attention à votre corps.
Demandez-vous : comment est-ce que je me sens, là ? Pas besoin de traduire votre ressenti en mots, seulement percevez comment vous vous sentez, accueillez ce qui est présent en vous. Cela prend quelques secondes seulement.

Exercice pour se simplifier la vie.
Formulez à haute voix votre désir. Puis, interdisez-vous d'y repenser.
Soyez attentif à ce qui se présente dans les heures ou les jours qui suivent.

La vie vous offre toujours ce que vous demandez. Arrêtez de ressasser et ouvrez les yeux, la clé est devant vous. Dès que vous cessez de vous torturer mentalement, de tout retourner dans tous les sens dans votre tête, la réponse apparaît. Parfois, vous cherchez un mot que vous connaissez bien mais il ne vous revient pas. Puis vous passez à autre chose et là de façon totalement inattendue, ce mot vous revient. La solution ou la réponse à la plupart de vos interrogations arrivent de la même manière.

> *Une dame me demande mon avis sur le choix d'une couleur qui la représenterait le plus. Je lui demande « Quelle est votre couleur préférée ? ». Elle me répond : « J'en aime beaucoup, je n'en préfère aucune. » Alors, je formule différemment, « Regardez cette étagère, il y a plein de couleurs, laquelle attire davantage votre regard ? » « Le bleu » me répond-elle « D'ailleurs c'est toujours la couleur qui m'attire en premier. »*
> *Pour cette dame ce fut une révélation.*

La simplicité peut faire peur. Vous perdez les repères de contrôle habituel. Vous ne mesurez plus. Vous avez l'impression de ne plus être aux commandes.
Certes. C'est la chute libre qui ouvre vos ailes.

Le présent

Le cadeau de l'instant. Lorsque vous êtes là, attentif à ce que vous faites, vous le faites bien et avec plaisir. Votre vie peut être aussi simple que cela. Transformez chaque minute de votre vie en l'instant le plus important de la journée.
Conscient de chacun de vos gestes, de votre corps, de vos pensées. Lorsque vous faites plusieurs choses à la fois, vous faites tout sans conscience. Essayez de préparer votre repas en étant attentif à

vos mouvements, en remerciant la nourriture que vous touchez. La préparation du repas devient un instant privilégié. Vous prenez conscience du temps. La journée n'est pas passée à toute vitesse, vous l'avez vécu. Vous étiez là présent à chaque instant, quoi que vous ayez fait.

Si le temps vous manque, vous pouvez décider de vos priorités. Ici et maintenant, à la seconde, votre priorité est probablement de lire. Alors éteignez la radio par exemple. Arrêtez de penser à autre chose. Lisez, simplement.

Votre corps accomplit de nombreuses tâches automatiquement. Il respire, déglutit, entend, ressent, votre cœur bat, votre cerveau interprète ce que vos yeux lisent, etc.

Vous faites naturellement tellement de choses à la fois, qu'en ajouter plus d'une ou deux constamment, provoque un déséquilibre.

Lorsque vous accumulez les tâches simultanément, vous avez l'impression que vous n'avez le temps de rien. Vous perdez la notion du temps. Du temps de l'horloge mais du présent également. Or si le passé n'est plus, que le futur n'est pas encore arrivé et que vous avez perdu le présent, que reste-t-il ?

Les jours défilent sans que vous les viviez. Vous cessez d'exister à vos yeux. Vous vous lassez. Vous déprimez. Pour en sortir vous dédiez une soirée à un de vos hobbies. Cela vous permet d'échapper à votre réalité devenue difficile, pendant quelques heures. Une bouffée d'oxygène dans un univers saturé.

Cependant, vous pouvez changer votre réalité quotidienne en donnant de l'importance à chacun de vos gestes. Retrouvez instantanément le sourire et la paix du cœur, en accomplissant vos tâches familières. Essuyez la table en sentant la texture de l'éponge sous vos doigts. Regardez un film en écoutant vraiment

les dialogues. Mettez vos chaussures en sentant leur étreinte sur les pieds.
Ces petits gestes mis bout à bout sont la somme de votre journée. Ils n'ont rien de trivial. Montez dans votre voiture en conscience. Allumez votre ordinateur en pensant à ce que vous faites. Négociez un contrat en écoutant la personne, en parlant calmement, en lisant attentivement ce que vous allez signer, en appréciant le glissement du stylo-bille, en entendant son frottement sur le papier. C'est si simple. Vous ne perdez pas de temps. Au contraire vous en gagnez en année de vie en pleine santé.

Votre bonheur

Vous pouvez penser que vous serez heureux lorsque vous vivrez avec la personne idéale, que vous aurez des enfants, un travail plus épanouissant, une maison plus confortable, minci ou grossi, etc.
Toutes ces choses vous rendraient la vie plus agréable mais elles ne vous rendraient pas heureux. Le bonheur est une disposition d'esprit. Le couple ne vit pas que d'amour et d'eau fraîche, les enfants ont leurs propres vies, tout travail représente des compromis. Tout a un revers de médaille. Vous prenez les bons côtés avec les moins bons. Le bonheur, c'est être heureux d'être là, maintenant. Un événement tragique vous coupe de votre bonheur mais vous réussissez tout de même à être heureux de voir les gens qui vous soutiennent comme ils le peuvent. Malgré la profonde peine qui hante votre cœur vous parvenez à apprécier les fleurs, les parfums, le soleil. Le bonheur ne dépend pas des

circonstances de votre vie. Si certaines facettes de votre existence vous empêchent d'être heureux, purgez-les. Puis approfondissez sérieusement une démarche de développement personnel pour ne plus reproduire les mêmes circonstances, les mêmes schémas.

Lorsque vous contemplez l'océan, qu'il soit calme ou passionné, sa beauté vous transcende. Vous êtes hypnotisé. Vous n'avez plus de problème. Pendant un instant vous êtes heureux. Recherchez ce qui est beau autour de vous et soyez là, présent, avec vous-même. Ce qui est beau, ce n'est pas le conventionnel, le standardisé, c'est l'authenticité, le vrai. Lorsque vous êtes totalement vous-même sans prétendre, sans paraître, vous êtes magnifique.

Une dame me racontait qu'elle avait vécu une période de sa vie très difficile. Elle ne voyait pas d'issue à ses problèmes. Un jour où elle était encore plus désorientée que les autres, elle se mit à conduire sans but. Bientôt, elle se retrouve dans les Pyrénées. En larmes, elle gare sa voiture pour chercher des mouchoirs dans son sac à main. Elle descend de voiture et là, regarde devant elle. Une vallée verte, lumineuse, splendide et douce, s'étend à ses pieds. La splendeur du paysage l'élève hors d'elle-même. Elle est légère et enracinée au sol en même temps. Elle ne peut dire combien de temps s'écoule avant que son mental reprenne le dessus. Devant ce spectacle grandiose, de la montagne au printemps, elle comprend que ce qu'elle vit n'est pas une fatalité. Que ses problèmes, bien que réels, ont tous une solution. Devant la beauté de la nature, elle retrouve son pouvoir personnel. Ces quelques instants de paix intérieure lui permettent de s'ouvrir à des possibles insoupçonnés. Elle prend des décisions basées sur cette nouvelle sérénité. Elle retourne souvent à la montagne ou dans la nature pendant qu'elle règle définitivement ses soucis. Elle s'en est énamourée. Maintenant, à chaque fois qu'elle est devant un choix important, ou quand le cœur lui en dit, elle rend visite à la magnificence de la nature.

Quand vous êtes heureux, vous savez que ce qui se présente à vous est éphémère. Ainsi vous ne cherchez pas à retenir les choses ou les gens. Vous les accueillez à leur arrivée et vous les bénissez à leur départ.

Lorsque vous vivez une expérience désagréable, vous ne reniez pas vos principes, vous savez que ça aussi ça passera. Vous voyez au-delà du problème actuel. De ce fait, vous ne vous y attachez pas. Vous l'acceptez, c'est-à-dire que vous ne vous battez pas contre lui. Vous n'entreprenez pas une croisade de contestation. Vous regardez le problème tel qu'il est. Il ne vous gâche pas la vie. Vous le réglez. Vous savez que tout s'arrange d'une manière ou d'une autre.

Le bonheur se trouve dans la simplicité, dans la nature, dans la relation avec autrui. Il est à votre portée et il a envie de faire partie de votre vie.

La Terre

La Terre est bien plus que le support du jardin ou le sous-sol des fondations de la maison. Notre planète est une entité vivante au même titre que les humains. Tout ce qui vous compose se trouve dans la terre. Absolument tous les éléments et composés chimiques du corps sont à l'état naturel dans la Terre. Toutes les fonctions vitales telles la circulation des fluides, la respiration, la procréation sont des activités inhérentes à la Terre. Certains lui prêtent parfois des sentiments de colère humaine. C'est nous qui

lui ressemblons, pas le contraire. Elle n'a pas un « mental » qui la dirige. Elle est pure intuition. Elle ne se venge pas, ça c'est nous qui le faisons. Elle se maintient en équilibre. Elle soutient un nombre incalculable de formes de vies. Comme elle, nous permettons à des milliards de vies micro-organiques d'exister grâce à notre corps.
La terre est constituée d'environ 70% d'eau, comme les humains.

> *Le docteur japonais Masaru Emoto connu pour ses publications sur l'impact des pensées et des émotions sur l'eau a démontré grâce à un procédé de cristallisation de l'eau que, selon la personne qui pratique l'expérience, le résultat diffère. Les cristaux de molécules d'eau ont une apparence constante selon le mot choisi.*
> *Par exemple la cristallisation des gouttes d'eau traitée avec le mot amour ressemble toujours à un magnifique diamant. Les gouttes d'eau traitées avec des mots comme « idiot » ou bien pire se cristallisent à peine ou pas du tout.*
> *Il a prouvé scientifiquement que les pensées influencent la qualité de l'eau. Vous êtes 70% d'eau. Pensez-y la prochaine fois que vous vous entendrez penser ou parler. Prenez soin de votre eau.*

Les similitudes entre la planète et les humains sont extraordinairement abondantes. Elle a une âme et une raison d'être. Elle parle avec les astres et fréquente les soleils.
Elle est la mère de toute vie sur terre. Elle proportionne l'oxygène nécessaire à la survie. Elle nourrit. Elle soigne. Elle rend meilleur. Elle est un exemple de beauté, de bonté, de générosité, de puissance et de diversité infinie.
Reconnaissez sa présence, ressentez son existence, vivez dans sa conscience. Si le cœur vous en dit, remerciez-la de temps en temps.

Exercice d'harmonisation avec la Terre.

Dans un lieu calme, bien assis, le dos le plus droit possible, respirez profondément et généreusement, pendant quelques minutes. Inspirez la sérénité, la paix et la tranquillité. Expirez tout ce qui ne l'est pas. Si vous avez des tensions ou des douleurs expirez-les.

Soyez attentif à votre respiration, ressentez l'air qui entre et l'air qui sort. Puis écoutez le battement de votre cœur. Suivez le flux de votre sang dans votre corps.

Percevez le rythme de votre corps.

Doucement, laissez votre corps pénétrer la Terre. D'abord les pieds, les jambes, le ventre, jusqu'à la tête. C'est très agréable. Vous devenez la Terre.

Prenez votre temps.

Imaginez l'océan et ressentez ses mouvements en vous. Puis descendez jusqu'au centre de la Terre et ressentez le flux du magma terrestre. Laissez-vous être une rivière, une cascade, le vent, une pierre, un gisement de pétrole, une caverne souterraine, la Terre entière.

Ensuite volontairement laissez votre corps s'harmoniser avec les rythmes de la planète.

Trouvez en vous l'équivalent de votre pôle magnétique et accordez-le à celui de la Terre.

Profitez de ces instants de quiétude et de joie.

Reprenez conscience des contours de votre corps, vos pieds, votre dos, etc. Respirez trois fois très rapidement par la bouche, étirez-vous et revenez.

Répétez cette méditation à chaque solstice et à chaque équinoxe.

La Terre est rythmée par 4 saisons. Chacune d'entre elles invite à expérimenter des aspects différents.

Le printemps est la saison des amours. La sève se réveille. Vous faites des projets. Vous avez de nouvelles idées. La pluie et le soleil nettoient les chemins. C'est une période de mise en route et d'enthousiasme. Tout est possible. Des idées nouvelles se bousculent dans la tête.

Respirez le printemps comme si tout était nouveau. Il vous offre le regard d'émerveillement, tout brille et sent bon. Autorisez-vous à vous voir de la sorte : beau, brillant, plein des charmes de la nouveauté.

Le temps est venu de regarder votre vie avec un regard diffèrent, mettez une note de plaisir dans vos réflexions, vos habitudes et vos tâches régulières.

Il invite aux solutions, à chercher comment retourner la situation en votre faveur. Comment tirer parti d'une condition qui n'a pas une apparence positive.

Exercice pour accueillir le printemps.

Proche de l'équinoxe, promenez-vous dans un lieu où la nature est luxuriante.

Prenez le temps d'admirer les bourgeons. Humez les fleurs, la terre, l'air.

Trempez vos doigts dans une flaque d'eau. Caressez les pierres et la mousse.

Choisissez un arbre et gentiment serrez-le dans vos bras.

Remerciez sincèrement la nature, la planète, tout et tous ceux qui vous ont permis de vivre ce moment.

L'été promet la chaleur et la concrétisation. C'est la période de la maturité. Les fruits et les légumes sont à leur paroxysme en saveur et diversité. A cette saison vous êtes souvent plus indulgent et ouvert à l'autre.
Les journées sont plus longues, vous avez plus de temps. Il y a des festivals, des fêtes, des foires, des concerts un peu partout. Vous sélectionnez, vous choisissez, vous décidez.

La vie vous propose des options et des possibilités que vous voyez sous une nouvelle lumière.
Profitez de l'été pour faire des choix. Vous êtes prêt à décider ce que vous voulez et à réaliser vos rêves.
C'est également le temps de la récolte. Ce terme est souvent entendu dans le sens de prendre et de recevoir.
Toutefois la terre donne généreusement et avec abondance à tous sans discrimination.

C'est une période idéale pour favoriser le don de soi, la charité et la tolérance.

Exercice pour accueillir l'été.
Proche du solstice, sortez vous balader dans la nature. Que ce soit au bord de la mer ou en campagne, vous vous habillez avec des couleurs vives et joyeuses. Souriez.
Souriez-vous à vous. Souriez à toutes les personnes que vous croisez. Souriez aux fleurs, aux arbres, aux pierres, aux animaux.
Asseyez-vous à l'ombre d'un arbre et écrivez sur une feuille de papier (ou un carnet) spécialement prévu(e) à cet effet, tout ce que vous avez réalisé depuis un an.
Puis faites une liste des personnes qui vous sont proches et remerciez-les pour quelque chose qu'elles ont fait depuis l'année dernière.
Trouvez quelque chose à remercier à votre patron ou supérieur hiérarchique, au maire et au gouvernement (quelle que soit votre opinion politique).
Remerciez votre belle planète.
Remerciez Dieu ou l'Univers.
Remerciez vos parents de vous avoir donné la vie.
Remerciez-vous, vous-même.
Si vous pensez à d'autres personnes, remerciez-les aussi, allez-y !
Respirez l'air de l'été et continuez votre promenade en remerciant les fleurs, l'herbe, etc.

Les couleurs de feu annoncent l'automne. Les arbres se défont de leurs feuilles. C'est la rentrée. C'est le début de l'année scolaire, un nouveau rythme s'installe. Vous choisissez vos options pour les étudiants, vos loisirs pour les autres. Il y a encore de belles journées.

A l'instar des arbres, l'automne vous encourage à faire un tri dans vos idées, vos armoires, votre entourage, vos ambitions. Il est favorable au changement significatif, au nettoyage radical, parfois vital. Si vous deviez faire un choix parmi vos problèmes et ce que vous considérez comme important que garderiez-vous ?

Comme la nature, débarrassez-vous de ce qui ne vous convient plus.

Faites de la place au nouveau !

Exercice pour accueillir l'automne.
Aux alentours de l'équinoxe d'automne allez vous promener dans la campagne.
Laissez vos pieds traîner dans des tas de feuilles mortes.
Ramassez des glands, des marrons et autres éléments naturels liés à la saison. Amusez-vous à représenter des visages, des formes géométriques et d'autres choses avec votre collecte. Puis déposez-les aux pieds des arbres, comme offrande aux écureuils et autres animaux.
Promenez-vous en regardant et en caressant délicatement la nature. Asseyez-vous sur le sol et regardez avec attention les milliers de vies qui traversent votre champ de vue en l'espace de quelques minutes.
Admirez les arbres. Ils se libèrent de ce qu'ils n'ont plus besoin. Posez-vous la question : de quoi pourriez-vous vous libérer maintenant ? Soyez réaliste et sincère.

L'hiver est propice à l'intériorisation, au repos et à l'intégration. L'hiver ne revêt pas son manteau blanc partout, par contre les températures chutent, il fait nuit plus tôt.
Dans un bon bain chaud ou bien emmitouflé sous une couette sur le canapé, devant un bon feu de cheminée pour les plus chanceux, tout est prétexte à se réchauffer. 20 degrés au soleil, c'est beaucoup plus chaud que 20 degrés sous un ciel gris.
A cette période vous devenez généralement plus sédentaire, plus calme. Vous avez l'opportunité de prendre du recul par rapport à votre vie, vos objectifs et vos priorités.
L'hiver vous propose de retrouver la joie de vivre. Il vous offre le loisir du grand âge.
Mesurez les problèmes et ce qui est important pour vous en imaginant que vous avez 95 ans.
Remettez les priorités en perspective.

Exercice pour accueillir l'hiver.
Au moment du solstice, allez-vous promener à pied dans la nature. Respirez l'air froid. Amusez-vous avec l'air rendu visible qui sort de votre bouche. Marchez sur des brindilles et des branches mortes en écoutant le son que cela fait.
Dansez avec les branches basses des arbres sans les abîmer. Cherchez la vie animale autour de vous, mais ne l'effrayez pas, ne la blessez pas. Cherchez la vie végétale, caressez-la doucement mais ne l'arrachez pas.
Si cela vous est possible, immobilisez-vous et écoutez le silence ou les bruits naturels du lieu. Trouvez la beauté partout autour de vous.

L'équinoxe représente le premier jour du printemps et le premier jour de l'automne parce que le jour et la nuit ont une durée identique.
Le solstice d'été est le jour le plus long tandis que le solstice d'hiver est la nuit la plus longue de l'année.

Voici quatre dates importantes à fêter à votre manière. Elles sont garantes des cycles de la vie, de la terre et du soleil.

En marquant ces moments transitoires vous vous accordez avec les cycles de la planète. Ainsi vous vous sentirez en phase avec vous-même et avec l'univers.

Exercice pour se nourrir de la terre.
Prenez le temps de vous détendre totalement, respirez consciemment, puis imaginez que la terre vous nourrisse par les pieds. Vous n'avez rien à demander, laissez-la vous donner ce dont vous avez besoin naturellement. Elle vous pourvoit constamment de tout, vous n'avez qu'à l'autoriser en ayant conscience de ce fait.
Ressentez ce qui se passe en vous. Puis respirez avec tous les pores de votre peau l'air mais aussi toute l'énergie dont vous avez besoin. Vous n'avez rien d'autre à faire que de ressentir votre peau respirer et se nourrir.
Remerciez et renouvelez ces moments privilégiés autant que vous le souhaitez.

Lorsque vous vivez en harmonie avec la terre vous êtes beaucoup plus détendu, ouvert aux opportunités et joyeux. Les changements et les cycles sont positifs. Ils sont l'essence de la vie. Ils permettent d'évoluer et de découvrir de nouvelles façons d'être heureux.

La raison d'être

Une petite graine ne sait pas ce qu'elle va devenir. Elle a besoin de conditions idéales pour germer et petit à petit se développer pour devenir ce qu'elle est réellement, un arbre ou une fleur. Toutes les étapes sont essentielles.

Tout comme un enfant, qui naît avec tout son potentiel, il va apprendre à marcher, à parler, à utiliser ses mains et son imagination. Ensuite, il va explorer les différentes possibilités qui s'offrent à lui. Cette recherche lui permet de se former. Tel un arbre qui envoie ses racines et ses branches dans des directions différentes.
La femme enceinte ne commande pas à son corps de se transformer pour accueillir le fœtus dans ses phases de croissances. Cela se fait naturellement et en son temps.
La maturité est un processus naturel et individuel. Chaque stade est important et apporte son lot de connaissance, de sagesse et de compétence.
Chaque palier est indispensable au développement émotionnel et à l'épanouissement des atouts.

A toutes les phases de l'existence, vous participez au grand jeu de l'aventure sur terre. Toutefois, pour accomplir certaines tâches vous devez avoir acquis une certaine maturité, être prêt.
Il y a un temps pour tout et pour chaque chose. Il en va de même avec le talent.

Un jeune homme peut posséder toutes les qualités d'un grand dirigeant, il ne sera pas pris au sérieux de la même manière qu'un homme d'âge mur. Ce qui est tout à fait légitime, puisqu'il n'a pas encore acquis la sagesse et le discernement résultant de ses échecs et de ses réussites. Il n'a pas encore eu l'occasion de prendre du recul sur sa vie, de pardonner, de temporiser et de devenir philosophe.

Commencez par reconnaitre, puis apprendre à maîtriser vos talents avant de les magnifier.

Si vous êtes naturellement doué pour une chose, voilà un signe incontournable, cette qualité déploiera vos ailes.
Les études que vous avez faites, l'environnement dans lequel vous avez grandi vous ont préparé à votre avenir.
Parfois des études en informatique par exemple peuvent vous préparer à comprendre le monde d'une autre manière. Cela ne veut pas dire que vous serez informaticien, mais que l'impact de cette formation vous a préparé à accomplir votre mission.

Un autre exemple : vos parents vous forçaient à participer à des représentations artistiques. Ils vous ont inculqué l'aisance de l'art oratoire. Ou bien ils voyageaient énormément et vous ont appris à être chez vous partout sur terre, à avoir le sentiment d'appartenance très ouvert.

Vous avez exactement tout ce dont vous avez besoin pour vous réaliser. Même si votre expérience était « négative » comme un parent violent ou inexistant, vous avez développé grâce à cela des qualités ou des connaissances précieuses pour accomplir votre raison d'être.

Exercice pour reconnaitre vos qualités.
- A quoi étiez-vous doué lorsque vous étiez enfant ?
- Comment cette qualité se manifeste aujourd'hui que vous êtes adulte ?
- Comment pourriez-vous l'accentuer, l'améliorer davantage ?
- Quelles qualités, les expériences de votre jeune âge, ont-elles forgées en vous ?
- Utilisez-vous cet atout aujourd'hui ?
- Comment pourriez-vous l'inclure davantage dans votre quotidien ?
- Que pouvez-vous faire pour le bonifier ?

A quoi suis-je utile ?

Chacune de vos actions a une incidence sur le reste de l'humanité. Chacune de vos émotions et de vos pensées influencent le monde entier. Un sourire, un mot gentil, un geste de confiance ou de reconnaissance peut voyager très loin. Quelqu'un qui compte pour vous, vous fait un compliment qui vous touche. Vous êtes de bonne humeur. Vous dispensez largement des sourires et des éloges. Vous êtes enclin à voir le côté positif de chaque chose. Vous saisissez davantage d'opportunités.
Une telle journée a des répercussions incalculables, sur toutes les personnes que vous avez rencontrées, puis sur tous les êtres qu'elles ont elles-mêmes approchés.
Ceci à chaque seconde de votre vie, tout le temps et partout. Lorsque vous êtes heureux, tout le monde en profite, lorsque vous ne l'êtes pas, tous en pâtissent.
Il est aisé de comparer l'impact que chacun a sur autrui avec la propagation des virus. La grippe espagnole est une pandémie qui a pris une trentaine de millions de vies et voyagé à travers tous les

continents. Les rhumes et gastro-entérites se retrouvent tous les ans, même chez des personnes qui n'ont pas été exposées par un porteur du virus.

Avec chaque expiration, vous expulsez des particules de votre corps dans l'atmosphère. Ces particules sont respirées, déplacées, jointes à d'autres particules et continuent leurs pérégrinations. Or vous savez que chaque particule contient l'ADN de son propriétaire initial. Puis elle se charge des sentiments, des émotions, des peurs, des pensées récurrentes de tous les êtres qu'elle traverse.

Lorsqu'une particule chargée d'une idée en gestation dans votre esprit vous traverse, son empreinte adhère en vous. Elle vient renforcer ce qui est déjà là. Petit à petit, votre cerveau traite l'idée et les informations que vous recevez continuellement par l'intermédiaire des gens et de l'air du temps. C'est une forme d'intuition.

Plus il y a de personnes à partager une même pensée et plus nombreuses sont les particules chargées avec cette pensée à circuler dans l'air.

> *Pour présenter la théorie de la « masse critique », Lyall Watson rapporte dans son livre « Lifetide » une expérience de scientifiques japonais qui étudient la vie des macaques.*
>
> *Un primate commence à rincer des patates douces dans l'eau avant de les manger. Avec le temps, tous les singes de l'île adoptent ce nouveau comportement. Puis, tous les macaques des îles voisines, sans qu'il y ait la moindre transmission visible.*
>
> *Le célèbre « centième singe », la « masse critique », fait basculer toute cette espèce dans un nouveau fonctionnement.*
>
> *Nous pouvons aisément appliquer ce concept à notre société.*

C'est au siècle des lumières que germa l'idée révolutionnaire de l'égalité des sexes. Il a fallu attendre un certain temps pour que suffisamment de femmes et d'hommes se rallient à cette forme de pensée. C'est alors que la situation a évolué.

Les paradigmes, les visions du monde, évoluent continuellement. Il n'y a pas si longtemps, il était évident que la terre était plate. Plus récemment, il fallait au minimum 80 jours pour faire le tour du monde ! Bientôt, l'humanité parcourra la galaxie en compagnie d'êtres venus d'ailleurs…

La technologie progresse et change le monde. Elle existe grâce à une pensée. Une idée qui a germé. Un besoin qui a été exprimé.

Un certain nombre de personnes ont eu envie de traverser les grandes étendues d'eau. Telle est l'origine de la navigation. La mise en œuvre, la conception de l'embarcation et sa création sont la suite logique. Ce souhait de parcourir les mers a engendré un processus qui a mobilisé des millions de personnes à travers les âges.

> Exercice pour conscientiser la puissance de vos pensées.
> Faites une petite introspection et trouvez au moins une pensée qui a évolué. Il y a longtemps, vous aviez envie de cela, vous avez tout mis en place pour le réaliser, maintenant votre pensée est devenue réelle et peut être même physique.
> Ou bien une idée que vous avez partagée, même si vous avez abandonné le projet, quelqu'un d'autre a pu le finir.

<u>A quoi vais-je dédier ma vie pour me réaliser ?</u>

La plupart des gens n'ont pas une seule « mission » mais en ont plusieurs. Elles peuvent être successives ou simultanées.

Il y a les missions dont nous avons plus ou moins conscience et celles qui sont totalement hors de la compréhension humaine.

Les cas de missions les plus extrêmes sont les vies dédiés totalement à une seule chose. Comme ce fut le cas pour Mozart,

Einstein, l'abbé Pierre, Mandela, Luther King, Gandhi, Pasteur, le Dalaï Lama et bien d'autres.
Il y a un nombre incalculable de personnes qui ont dédié leur vie à une chose et qui ont changé le monde. Les frères Montgolfier, Louis Braille, Marie Curie pour ne citer qu'eux.
Dans le même ordre d'idée, de nombreuses personnes changent le monde, tout en étant totalement inconnues du public. Il y a tous ces êtres qui sont des canaux d'énergies. Bien souvent, ils ne le savent pas eux-mêmes et parfois n'ont pas accès à une vie « normale ». Ce sont des personnes qui ont des missions de catalyseurs d'énergies, de relais, d'émetteurs, de transpondeurs et bien d'autres fonctions.
Il y a aussi toutes ces personnes qui réalisent de grandes choses à une plus petite échelle. Tous ces hommes et femmes de cœur qui soutiennent les gens dans le besoin, tous ceux qui osent sortir de leur confort pour changer la réalité où ils vivent, comme les visiteurs d'hôpitaux, les associations caritatives, toute personne qui fait bien plus que ce pourquoi elle est payée pour soutenir son prochain, la planète, les animaux, etc.
Pour certains, « leur mission » est très claire car elle se traduit par une profession, une cause ou une orientation politique, religieuse, sexuelle, ethnique, culturelle, artistique ou autre.
Pour d'autres leur mission de vie est de faire réagir d'autres personnes, de créer des opportunités.
Par exemple, un enfant naît, atteint d'une maladie encore incurable, dans une famille de médecins. Le parent dédie sa vie à trouver une solution à ce phénomène.
Un accidenté suscite l'intérêt d'un professeur et provoque des remous dans le monde scientifique.
Un inventeur du dimanche présente son bricolage à un ingénieur visionnaire, les applications qui en découlent peuvent être les prémices d'une grande avancée technologique.
Tous ces méconnus, qui n'ont peut-être pas réussi leur vie dans le sens socioculturel habituel, ont réussi leur mission de vie, même s'ils ne le savent pas.

Pour beaucoup d'autres, probablement la majorité des gens, leur mission prend une toute autre tournure. Ils n'ont pas seulement une mission, ils en ont beaucoup. Ils ont beaucoup de choses différentes à réaliser. Il peut s'agir de petits riens « importants » comme de grandes choses. Elles font toute partie du grand jeu de la vie.
Certes, elles ne sont pas toujours glorieuses et reconnues mais elles sont tout aussi indispensables.

Comment savoir quelle est votre mission ?

Vous êtes toujours attiré par ce que vous avez à faire. Ce n'est pas toujours clair au début, mais cela germe en son temps.
Ce qui est primordial, c'est de vous écouter et d'accomplir ce dont vous avez vraiment envie.

Exercices pour comprendre et accomplir votre mission.
1 Qu'avez vraiment envie de faire ?
Si les diplômes, le temps, l'argent, le climat, la société, votre âge, votre santé ou tout ce que vous pouvez objecter n'entrait pas en ligne de compte, que feriez-vous de vos journées ?

2 Prenez le temps de répondre aux questions suivantes.
Comment participeriez-vous à la société ?
Comment pouvez-vous mettre votre mission en place ?

Par exemple : vous n'avez qu'un seul regret, ne pas avoir fait de la danse classique lorsque vous étiez petit.
Allez-vous vivre toute votre vie, puis mourir avec ce regret ?
Vous êtes trop âgé maintenant, les cours sont onéreux, vous avez un peu d'embonpoint, que diraient les gens, c'est ridicule, il faut

commencer à cinq ans sinon ce n'est pas la peine. Vraiment ? Et si vous vous renseigniez… Encore… Il y a sûrement un professeur de danse qui enseigne aux adultes débutants quelque part.
Vous pouvez toujours aligner votre rêve avec la réalité actuelle. Balayez les obstacles illusoires et faites ce que vous voulez. Faites ce que vous avez réellement envie de votre vie ou de votre temps libre.

> *Je connais une dame de plus de 80 ans qui vit une deuxième jeunesse grâce au chant. Elle ne sera peut-être pas en haut de l'affiche avec sa troupe, mais ils ont fait le début d'un spectacle d'un artiste célèbre. C'est merveilleux !*

Il y a des milliers de gens chaque année qui abandonnent une carrière qui ne leur convient plus pour s'orienter vers autre chose de tout à fait différent. Vous en connaissez peut-être ?
Pour se donner du courage vous pouvez envisager des roues de secours et des plans B et B bis. Parfois même mettre le plan B bis en tête de liste. Pourquoi pas, vous prenez le chemin de vous choisir vous-même. Une fois arrivé à B bis vous déciderez peut être de retrouver le plan initial, ou bien vous referez un petit détour. Ce qui importe vraiment, c'est le chemin, pas le but. Lorsque vous avez atteint votre but, il ne vous reste plus qu'à recommencer quelque chose de nouveau.

Vous êtes toujours exactement où vous êtes supposé être, sinon vous n'y seriez pas. C'est aussi simple que ça. Si vous avez le sentiment d'avoir raté quelque chose, c'est sûrement vrai. Vous vous êtes manqué, vous.
Stoppez tout et regardez-vous. Contemplez le chemin que vous avez déjà accompli. Vous avez beaucoup souffert, alors regardez comment vous avez su vous en sortir.

Vous vous retrouvez à une croisée de chemins, vous ne savez plus quoi faire, alors arrêtez tout et regardez ce que avez déjà expérimenté. Faites un bilan de votre vie.

Maintenant, que voulez-vous ?

Exercice pour rencontrer votre guide intérieur.
Vous vous asseyez, le dos droit, dans un lieu paisible, sans téléphone.
Vous respirez lentement, profondément pendant plusieurs minutes. Avec chaque expiration vous lâchez toutes les tensions et avec chaque inspiration vous vous remplissez de paix.
Vous descendez à l'intérieur de votre cœur et là, dans un lieu où vous vous sentez en parfaite sécurité, vous demandez à votre guide de venir. Acceptez-le tel qu'il se présente. Si vous ne le voyez pas, ce n'est pas important, juste sachez que lorsque vous l'appelez il est là.
Demandez-lui : « Quelle est ma mission ? » Vous aurez peut-être une réponse instantanée, sinon elle vous viendra dans les heures ou les jours suivants.
Profitez de ce que vous vivez. Ressentez comment vous vous sentez. Remerciez et reprenez contact avec votre corps physique. Plus vous pratiquez et plus cela devient facile.

Écoutez votre petite voix intérieure car elle vous indique votre prochain objectif. Parfois les missions ne sont pas glorieuses. C'est ce que votre petit ego, votre mesure des valeurs, vous dit. Faites les choses parce qu'elles vous font plaisir. Oubliez la reconnaissance, l'attention ou la rémunération. Laissez-vous guider par votre « envie » de vous épanouir dans tel ou tel aspect. Ne jaugez pas la réussite et vous accomplirez votre vie.

Pensez à votre propre expérience. Souvent, vous avez choisi un chemin plutôt qu'un autre parce que quelqu'un vous l'a montré. Combien de fois avez-vous fait un choix pour ne pas faire comme un autre ?
Ne négligez pas l'impact positif des expériences soi-disant négatives. Vous avez tous, à un âge ou à un autre, approché votre doigt d'un feu. C'est pour cela que vous ne le faites plus.

Vous connaissez peut-être cette célèbre histoire.
Il était une fois un vieux monsieur qui avait besoin d'argent. Les gens lui disaient de vendre son cheval. Mais lui ne voulait pas se séparer de son vieil ami pour un simple souci financier. Puis le cheval s'échappa.
Tous les gens bien intentionnés lui dirent : « Oh quelle malchance, tu aurais dû le vendre lorsque tu le pouvais. » Le vieil homme était sage et ne s'occupait pas des conversations de ses voisins.
Quelques jours plus tard, son étalon revint en compagnie de toute une horde de chevaux. « Quelle chance ! »
Le fils de la maison décida de dresser lui-même les chevaux sauvages. Une jument le projeta dans un fossé et il se brisa une jambe. « Quel malchance, dirent les voisins ! ».
Le pays est en guerre. Des militaires viennent au village enrôler tous les hommes valides. Le fils, la jambe plâtrée jusqu'à la cuisse, reste s'occuper de la ferme avec son vieux père.
Chance ou malchance ? Il n'y a qu'avec le recul que l'on peut estimer la chance.
Pareillement, il n'est pas aisé de voir l'impact que l'on a sur nos proches et encore moins sur l'humanité.

Imaginez que Judas n'ait pas embrassé Jésus. Qu'en serait-il de notre histoire ? Si Hitler n'avait pas pris le pouvoir ? Il y aurait eu moins d'horreurs, certes. Mais y aurait-il eu moins de morts sur une longue période de temps, sur soixante ans par exemple ? Les avancées technologiques en matière de techniques médicales comme les greffes d'organes et tellement d'autres auraient mis

beaucoup plus de temps à se développer. Ces deux effroyables guerres mondiales ont permis aux sciences de faire des bonds colossaux. Les répercussions de ces avancées ont amélioré la vie et la santé d'une manière incommensurable et continuent de le faire.
La fondation de l'ONU, de l'Unesco et de toutes les institutions internationales en faveur de la paix, en plus de toutes les associations dont on ne connaît pas l'ampleur en sont les fruits. L'humanité réussit à créer du beau et du bon malgré tout, ça c'est une victoire.

> *Le mantra sacré des Tibétains « Om Mani Padme Hum » est traduit en français par « le Joyau dans le Lotus ». Il exhorte à se transformer pour devenir aussi pur et lumineux que le bouddha. Il révère et inspire la compassion. Les bouddhistes considèrent la fleur de lotus comme le symbole de l'épanouissement spirituel.*
> *Le lotus est une magnifique fleur enracinée dans la vase.*

Prenez un autre cas, vous êtes attiré par l'alcool. L'alcoolisme n'est pas bon, bien sûr. Mais peut être que pour vous, ce que vous avez à faire, c'est de vous en sortir. Peut-être que vous fonderez une association et aiderez d'autres personnes. Ou bien seulement par votre exemple "pitoyable", vous empêcherez beaucoup d'autres de sombrer dans cet enfer. Parfois le simple fait d'arrêter de boire (de fumer, etc.) permet à votre entourage de comprendre, d'agir, de pardonner, allez savoir !

Lorsque vous considérez que quelqu'un ne vit pas sa vie au mieux de ses capacités, pensez qu'il est peut-être en train d'accomplir sa mission. Lorsque vous pensez que vous n'êtes pas parfait, dites-vous qu'il est possible que votre « faute » serve une cause qui vous dépasse totalement et c'est bien.

Votre raison d'être est toujours en conjonction avec les autres.

Votre mission est en quelque sorte la réponse à : comment participez-vous à l'éveil, à l'essor, à l'évolution de l'humanité ?

Choisissez une cause qui vous tient à cœur et participez-y autant que possible pour vous.
Par exemple éradiquer l'illettrisme. Vous n'êtes pas qualifié pour enseigner. Vous n'avez pas les capacités pour faire des recherches approfondies ou d'écrire un manuel sur le sujet. Que pouvez-vous faire ?
Pour combattre l'illettrisme avec peu de moyens c'est possible. Quelques idées : lire des livres à haute voix dans un lieu public, créer une association pour aider les enfants ou les adultes, rejoindre une association existante, proposer vos services à une œuvre caritative qui travaille dans ce sens, réorienter votre carrière professionnelle, financer un programme, etc.

Un autre exemple : le mur en face de chez vous est sale. Cela vous dérange. Allez trouver le propriétaire ou la mairie et demandez la permission de le nettoyer (à vos frais).
Vous vous êtes plaint, vous avez attendu, maintenant agissez. Imaginez votre satisfaction lorsque vous regarderez ce mur propre. Ce n'était pas à vous de le faire, mais c'est vous que cela dérange. Maintenant vous avez gagné l'immense plaisir d'avoir participé positivement à votre bonheur et à l'amélioration de votre quartier.

Vous, tel que vous êtes, avec vos talents existants, vos aptitudes et vos connaissances, quelle action pouvez-vous entreprendre pour soutenir cette cause qui vous touche ?

Votre raison d'être est liée au bon fonctionnement de votre société, si vous ne faites rien pour elle, vous signez votre arrêt de bonheur.

Exercice pour reconnaitre votre mission.
- Faites une liste de ce que vous avez accompli (enfant, art, création, métier, dépassement de vous-même, réussite personnelle, etc.) vous devez en trouver plus de 10.
- Méditez sur cette liste.
- Après chaque accomplissement notez une « action » ou un résultat positif qu'il a eu sur la société (communauté, famille, etc.)
- Essayez de voir les répercussions positives de vos actions.

Vous êtes heureux lorsque vous participez activement au bien-être, à l'amélioration de votre communauté, si ce n'est de l'humanité.
Lorsque vous êtes heureux, vous ne vous posez jamais la question : Que fais-je sur terre ? Quel est le sens de la vie ?

Souvent vous confondez recherche du confort avec recherche du bonheur. Le confort ne garantit en rien le bonheur, c'est à peine un plus. Qu'est-ce qui vous rend réellement heureux ?
Après une soirée passée à danser, à chanter ou à jouer avec des personnes que vous aimez, vous vous sentez profondément bien.
Quoi que vous fassiez avec des gens, donnez le meilleur de vous-même vous rend heureux.

La joie, le contentement, la satisfaction profonde et sincère ne s'atteint que lorsque vous partagez avec vos semblables un peu de vous-même.

Vous n'avez pas vraiment besoin de gloire ou de reconnaissance, c'est votre ego qui le réclame. Vous avez besoin d'être vous-même parmi les vôtres. A ce moment-là vous êtes heureux. Vous êtes à votre place. Vous êtes comblé. Il n'y a plus de questions sans réponses. Vous collaborez au grand tout.

Favorisez des situations qui vous permettent de donner de vous-même et laissez de côté toutes les autres prérogatives.

Exercice pour définir votre cause.
- Qu'est qui vous touche vraiment ?
- Qu'aimez-vous plus que tout (pas une personne en particulier) ?
- Qu'est ce qui vaut la peine de se battre ?
- Préparez un plan d'actions pour participer à l'éradication de ce problème ou bien à la sublimation de cette merveille. Ou plus humblement, apporter votre grain de sel à cette situation. Les petits gestes accumulés provoquent les grands revirements.

Votre devoir est d'utiliser ce que vous avez déjà, vos qualités, vos outils, votre personnalité. Puis employez-les pour la cause de votre choix. C'est suffisant.
C'est ce que vous avez à faire.
Ainsi, la vie vous mènera naturellement, tel le courant d'une rivière vous conduit inexorablement vers l'océan.

Exercices pour vivre votre raison d'être.
1 Comment, à votre niveau, participez-vous à l'éveil, à l'essor, à l'évolution de la société, de l'humanité ?
Remerciez-vous pour tout cela.
2 Avec ce que vous êtes et ce que vous possédez, comment pouvez-vous contribuer davantage ?

La spiritualité

S'épanouir dans la douceur du cœur et s'étendre dans des contrées inexplorées.

La spiritualité prend forme dans la matière. Elle devient concrète et tangible grâce au corps qui permet sa floraison. Sinon, elle reste à l'état mental. Une petite brise suffit à pulvériser une illusion de spiritualité.
Si quelqu'un rejette son corps il n'est pas en position d'accueil. Le chemin vers soi-même est le premier pas avant l'acceptation de l'autre et l'ouverture au divin.

Bien des traditions font l'analogie entre le corps et le temple. L'importance de sacraliser, d'honorer sa corporalité est la base de toutes les pratiques psycho-spirituelles. Que vous souhaitiez inviter ou éveiller le divin en vous, votre corps est le réceptacle, le lieu où cette déification prend place.
Certains arguent que le corps se putréfie après la mort et donc qu'il n'est pas méritant, intéressant ou spirituel. Ce qui est incontestable c'est que vous ne pouvez vivre une vie d'homme ou de femme sans corps. Il n'est peut-être qu'un véhicule pour traverser votre vie, mais sans lui, il n'y a pas d'incarnation. C'est grâce à votre corps et tous ses atouts que vous vous réalisez et que vous participez à l'ascension planétaire.
Il est votre enveloppe charnelle. L'aimer et le respecter est indispensable à l'estime de vous-même.

Le danger classique est de s'arrêter à l'amour de soi. Il est indispensable de le dépasser. Néanmoins pour dépasser l'amour de soi, il faut déjà s'aimer.
Vous devez être en harmonie avec vous-même. Vous aimer, vous estimer, vous connaître est un requis essentiel à votre développement. C'est la première marche de l'escalier, seulement ne vous y arrêtez pas. Comme les fondations d'une maison, elles sont un début, pas la bâtisse.
Sans de bons fondements vous ne pouvez ériger une personnalité solide. Vous devez commencer par vous aimer, vous respecter, vous autoriser à être vous-même.
Soyez heureux d'être qui vous êtes. Vous êtes unique et merveilleux.

Par le simple fait de votre existence vous embellissez l'humanité. Si vous ne pouvez pas encore le comprendre acceptez-le quand même.

Chacun de vos gestes, pensées ou paroles influencent votre entourage et par répercussion tous les habitants du monde. Ainsi, plus vous devenez conscient plus l'humanité évolue. Chaque élan d'amour que vous avez est ressenti par vos proches mais voyage également dans l'invisible.

Vous connaissez la loi d'attraction, lorsque vous avez des pensées bienveillantes vous attirez à vous des gens, des situations mais aussi des êtres invisibles qui ont cette même vibration. Plus vos pensées sont heureuses plus vous attirez des formes de vies et des expériences similaires.
Entouré d'êtres de lumière aimants vous développez davantage leurs qualités.
Encerclé d'êtres de fréquence proche de la colère, de la médisance, de la méfiance ou de la jalousie, il est moins facile d'avoir une vie agréable.

Plus vous serez conscient de votre pouvoir décisionnaire, plus vous vivrez avec joie la responsabilité d'être humain.

Chacune de vos pensées est importante. Elle renforce le système de pensée auquel elle appartient. D'abord dans votre corps où elle va conditionner vos cellules pour répondre à vos commandes. Puis autour de vous, pour coordonner votre vie en accord avec elles. Enfin, sur terre, car tout est connecté.

Exercices pour s'ouvrir à la beauté.
1 Regardez les gens en pensant joli … (quelque chose). Dès que vous voyez arriver quelqu'un, cherchez ce qu'il a de beau. Marchez en admirant les attributs de chacun. Si vous déviez en pensant par exemple : « Qu'il est mal coiffé », dites-vous « J'efface » ; regardez mieux et trouvez ce qu'il a qui vous plait, ses chaussures, sa démarche ou son sourire.
2 Faites un compliment <u>sincère</u> à chaque personne que vous rencontrez. Ex : à la caisse d'un magasin regardez avec l'intention de trouver quelque chose de gentil à dire à la personne.
Oh qu'elles sont belles vos lunettes !
J'aime beaucoup la couleur de votre chemise.
Quelle jolie voix vous avez !
Etc.
Pratiquez le tout temps. Le but est qu'un jour vous voyez le beau, le positif partout et en chacun automatiquement.

Donc, plus vous vous répétez de mots doux, plus vous offrez des compliments, plus vous chercherez à élever votre prochain et plus vous êtes heureux.

Voir ce qu'il y a de beau chez l'autre c'est voir ce qu'il y a de magnifique en vous. Rabaissez quelqu'un ne vous grandit pas.

Donner de la valeur à l'autre vous nourrit, vous élève, entouré des meilleurs vous êtes plein de discernement, sage et intelligent.

Lorsque vous connaissez déjà les réponses vous n'apprenez plus rien, vous dépérissez.

> *Un jour quelqu'un m'a dit « J'ai assisté à une conférence, je n'ai rien appris ». Je n'ai rien répondu mais cette phrase m'a amené à me poser la question : qu'est-ce que je pense de cette remarque ? J'en conclus que ce raisonnement n'est pas pour moi.*
> *En effet, j'écoute parfois des enregistrements de conférence ou d'ateliers auxquels j'ai assisté et j'y découvre toujours quelque chose de nouveau.*
> *Au contraire lorsque je ne suis plus dans la recherche de connaissance, je suis plus réceptive aux subtilités et aux effets que certains mots ou concepts ont sur moi. Je continue d'évoluer, c'est fantastique.*

Lorsque vous abordez une nouvelle notion, il y a beaucoup de choses à identifier. Puis petit à petit quand le concept devient une évidence vous pouvez affiner la compréhension, approfondir le sujet dans des aspects que vous ne pouviez soupçonner au premier abord.

Il est important d'étudier, d'ouvrir votre esprit à d'autres manières de penser.

Peut-être qu'à l'âge de douze ans vous perceviez le monde d'une certaine façon. Maintenant que vous êtes adulte, que pensez-vous de la politique ? De la religion ? De votre éducation ? De votre style vestimentaire ? De la nourriture ? Etc.

Exercices pour choisir en conscience vos pensées.
- Ecrivez des thèmes tels que : sexualité, beauté, défaut, dieu, amitié, homme, femme, enfant, travail, mort, argent, gâteau, etc. Puis notez le premier mot ou la première phrase qui vous vient à l'esprit sur ce sujet.
- Soulignez toutes les phrases qui sont identiques à la manière de penser de vos parents (ou équivalent).
- Prenez un temps de réflexion pour décider si cette notion est toujours d'actualité et si vous êtes réellement en accord avec celle-ci.
- Si ce n'est pas le cas, à quelle sorte de pensée choisissez-vous d'adhérer maintenant ?
- Passez toute votre liste en revue et rallongez-la autant que vous le pouvez.

Lorsque vous savez avec certitude, vous êtes paralysé là où vous en êtes. Si aucune de vos idées n'a évolué depuis dix ans, il est peut-être temps de vous remettre en question ? Douter est négatif. Par contre, réévaluer vos principes, vos croyances et vos opinions est extrêmement bénéfique pour tous.
Accepter de changer consciemment, c'est s'ouvrir aux dangers du changement, de l'inconnu, du pire.
Pourtant accueillir le mouvement en conscience c'est aussi guérir et s'alléger des vieux bagages.
Il est vrai que le nouveau implique de mourir à l'ancien, de passer d'un état connu à une condition différente.

La vie c'est mourir. Mourir à un état, une situation pour passer à une autre. D'ailleurs nombreuses sont les civilisations où un des aspects spirituels les plus importants est la mort. La mort du chamane, la mort de l'initié, le sacrifice rituellique de la messe, symbolise la renaissance. Non pas une résurrection dans les mêmes conditions mais un passage à une autre dimension physique, mentale, spirituelle ou de l'être.

Supposez qu'apprendre à mourir soit la raison d'être sur terre. Les rites de passages en sont les exemples : la première voiture, la première relation sexuelle, le premier appartement. Après c'est diffèrent. Vous n'êtes plus exactement le même. Vous avez traversé un passage symbole de maturité.

Quand vous entrez dans une pièce vous sortez d'une autre. En vous habillant vous n'êtes plus nu. Changer d'avis, de rêve, d'orientation sont des manières d'en finir avec une façon de vivre. Vivre en couple c'est cesser de vivre célibataire.

Concevoir la vie comme un chemin vers la mort ouvre des perspectives incommensurables. Conscient de votre fin prochaine vous êtes vous-même.
La plupart du temps, c'est quand vous vous croyez immortel que vous cessez de vivre.
Généralement les personnes qui se savent condamnées réalisent leurs rêves avant de ne plus pouvoir.

Allez-vous au bout de vos rêves ?

Parfois avoir toute la vie pour faire quelque chose, équivaut à ne rien accomplir du tout. Il ne s'agit pas de vous hâter mais d'entreprendre de vivre.

Qu'est-ce que vivre pour vous ?

Exercice pour apprendre à réaliser sa vie.
- Imaginez que vous sachez qu'il ne vous reste qu'un an à vivre. Faites une liste complète de ce que vous aimeriez réaliser pendant cette année.
- Notez tout ce qui est facilement réalisable (dire à un tel que vous l'aimez, demander pardon à tel autre, changer de coiffure, etc.)
- Mettez votre plan en action et cochez chaque ligne une fois accomplie.
- Puis reprenez votre liste et notez ce qui est un peu plus complexe (nager avec les dauphins, faire de la spéléologie, aller au Canada, danser le jazz, etc.)
- Choisissez l'action la plus facilement réalisable et mettez tout en place pour l'accomplir.
- Mettez votre liste à jour régulièrement. Cochez ce qui est fait et ajouter d'autre choses si vous le souhaitez.
Apprenez à réaliser votre vie.

Vous avez sûrement entendu des gens dire « Je l'aime tellement que j'espère mourir avant elle ou lui, car je ne pourrais pas supporter sa mort. »
En y réfléchissant un peu, ce n'est pas très gentil ni aimant de souhaiter que l'autre souffre de votre disparition plutôt que vous de la sienne.
Le vrai amour, dans le sens d'aimer l'autre plus que soi-même, serait de désirer qu'il meure le premier pour qu'il n'ait pas à endurer la douleur de votre départ.

Egalement, vous aimez l'autre en le valorisant, en lui reconnaissant le droit d'exister, d'être ce qu'il est.
Vous souhaitez qu'il soit lui. C'est à dire différent de vous ou de ce que voulez qu'il soit. Vous désirez qu'il se découvre, qu'il

s'aime tel qu'il est. Vous l'aimez parce qu'il n'est pas vous. Il vous complète car il n'est pas comme vous et c'est bien.
Tant que vous aimez l'autre parce qu'il vous fait vous sentir bien, c'est seulement de l'amour de vous-même.

L'amour c'est aussi renoncer à son projet pour adhérer à celui de l'autre. Evidement cela implique que vous ayez un projet à abandonner sinon ce n'est pas du dévouement.
Imaginez-vous renoncer à avoir raison. Abandonner la logique, à accepter la transformation, à devenir autrement que vous l'aviez envisagé.
Supposez que votre avenir soit tout tracé, car vous avez tout mis en œuvre pour cela. Puis vous rencontrez une personne, un animal, un ange, ou vous avez un accident et tout ce que vous aviez soigneusement planifié s'envole. Vos envies et vos besoins se modifient. Votre trajectoire de vie est bouleversée.
Si vous assumez pleinement ce changement vous vivez la transcendance, le dépassement de vous-même, la grâce.

En acceptant volontairement de perdre l'ancien, de faire le deuil de vos espoirs et ambitions passées vous découvrez une autre dimension de votre être. Vous désirez ce que vous ne connaissez pas, ce que vous n'êtes pas encore, vous vous surpassez.
Pour cela vous devez vous connaître et vous autoriser à être pleinement vous-même sinon ce n'est qu'illusion. Pour perdre, vous devez posséder, pour mourir 'positivement' vous devez déjà vivre.

Si vous aspirez à l'amour dans tous les aspects de la vie, vous favorisez des paroles justes et belles. Car en toute circonstance vous pouvez voir la main du divin même lorsqu'elle est bien cachée. Vous sentez que vous êtes guidé, que vous êtes accompagné.
Vous percevez les signes et vous essayez de les suivre. Pour cela, vous apprenez à regarder d'une autre façon. Vous pouvez décider

de ne considérer que les désagréments, ou que tout ce qui vous arrive peut être retourné en votre faveur. Quoi qu'il se passe vous cherchez en premier lieu à voir comment cela vous sert. Bien loin du « ça devait arriver » fataliste, vous trouvez un moyen de profiter de ce qui vous tombe sur les genoux. Quel que soit l'impondérable, transformez-le instantanément en une bonne occasion.
« Ce n'était pas prévu, c'est fantastique, je change mes plans en me laissant guider. »
Evidemment, là, vous maîtrisez parfaitement l'art de positiver.

> *Une amie me racontait qu'elle planifiait ses vacances avec enthousiasme, lorsqu'un membre de sa famille, dans une situation catastrophique, lui demande de l'aide.*
> *Il s'agissait de rapatrier la personne en France, soit le prix du billet d'avion prévu pour les vacances, de réaménager le mobilier et l'organisation générale de la maison pour pouvoir l'installer au mieux pour plusieurs mois.*
> *L'état de santé de la personne ne permet même pas de petites escapades de quelques jours.*
> *Mon amie, heureuse de partager un moment de vie avec sa nièce enceinte abandonne son projet de voyage pour cette année avec joie.*

Chaque être et chaque situation offre une opportunité d'évolution. Ainsi, vous aimez la personne pour ce qu'elle est, mais aussi pour ce qu'elle a fait de vous.
Pas pour ce que vous lui avez donné mais bien pour ce qu'elle vous a permis de devenir. Vous aimez que l'autre vous ait transformé en un être nouveau. Sans lui vous n'auriez jamais vécu cela. L'autre vous permet de vivre beaucoup plus que tout ce que vous auriez pu être sans lui.

C'est ce que vous expérimentez lorsque vous accompagnez quelqu'un dans sa vie. Pas pour observer, mais pour marcher dans

ses chaussures, participer à ce qui l'intéresse lui. Ainsi vous faites l'expérience d'une autre réalité.
Par exemple la personne chante dans une chorale. Vous ne chantez pas. Toutefois vous décidez de vivre cela avec elle. Alors vous conduisez la voiture jusque là-bas. Vous entrez. Vous voyez avec le chef de chœur s'il accepte de vous prendre et dans quel pupitre il vous conseille de vous installer. Vous dépassez vos peurs. Vous écoutez les consignes attentivement. Vous faites comme les autres. Vous vous inscrivez pour l'année. Puis vous remerciez avec effusion pour cette merveilleuse opportunité.
Vous avez expérimenté la transcendance. Vous avez dans un élan d'amour pour l'autre dépassé votre petit vous.
Vous êtes devenu plus que ce que vous ambitionniez.

Donc, dans un premier temps vous devenez vous-même, épanoui et heureux d'exister. Puis, vous aimez l'autre dans ses différences et ainsi vous vous ouvrez à bien plus que votre destinée.
Maintenant vous êtes prêt à participer à la réalité divine.

Un des grands symboles de la symbiose universelle et par extension de l'interaction avec le divin, c'est la respiration. Lorsque vous inspirez, vous laissez entrer en vous le nouveau, le diffèrent. A l'expiration vous transmettez, vous partagez qui vous êtes. Vous accueillez et vous donnez. Plus vous respirez dans cette conscience et plus vous développez la solidarité et la conscience du lien universel.
Vous êtes conscient que vous respirez le même air que tous vos voisins, les animaux, les plantes, le vivant. Vous faites partie du tout. Cela vous emplit de joie.

La respiration est l'emblème de la vie. Le premier et le dernier souffle encadrent votre humanité. Par cet acte si simple vous aimez. Vous ne calculez pas combien d'air vous prenez ou donnez, avec qui vous le partagez ou bien où il ira ensuite.

Vous inspirez avec l'entendement que vous êtes un être humain unique parmi des êtres exceptionnels. Quelles que soient vos divergences tous sur terre partagent le même air, avec ou sans masque.
Amusez-vous si vous le souhaitez à respirer avec le divin. Imaginez que lorsqu'il souffle vous inspirez et quand vous expirez il vous reçoit.

Dans cette osmose avec le tout, vous êtes heureux. Vous partagez ouvertement avec le vivant. Telle une source vous recevez de la mère Terre et vous transmettez, émanez les dons du ciel en abondance.

La religion

Le divin est couramment confondu avec la religion. Cette dernière est une création humaine qui s'est approprié Dieu. Elle n'est pas le divin.
Elle n'est qu'une des différentes portes d'accès à la spiritualité. Elle n'est pas garante de la foi, elle exprime seulement que sa communauté croit aux mêmes dogmes.

Que vous ayez ou non une église ne change en rien l'importance de donner une place prépondérante au divin dans votre vie.

Il n'est pas nécessaire d'appartenir à une confession particulière pour avoir foi en quelqu'un qui vous soutient, qui vous aime et qui est là pour vous, comme les anges par exemple.
Le but de la religion est de vous « relier ». Autrement dit, elle est supposée vous connecter à autre chose que votre "petit vous tout seul".
Vous concocter votre propre « religion » est aussi une bien bonne idée.

En parlant du divin, cette phrase revient souvent dans la bouche des gens blasés ou déçus par leur religion : « Comment Dieu peut-il laisser tant de souffrances et de douleurs parcourir le monde ? Toutes ces maladies, ces guerres, la criminalité, la famine, l'indigence, la mort ... »
Dieu est-il coupable de toutes ces abominations?

Selon les religions, il punirait les méchants et récompenserait les justes. Le même schéma sévit d'ailleurs dans les familles et les écoles.
« Si tu es gentil, tu auras un bonbon. Si tu as une bonne note, tu auras une image. »
Adulte, vous vous rendez compte que plus vous répondez aux attentes des autres et plus vous vous perdez vous-même. Vous n'êtes pas récompensé avec le bonheur, la santé ou l'immortalité de vos êtres chers.

Si Dieu il y a, dans son immense bonté, il vous offre la liberté de vivre à votre guise et de façonner votre réalité.

Certains lui prêtent des sentiments humains pour essayer de le comprendre. Or, imaginez un poisson rouge qui présume ressentir ce que l'aigle vit lorsqu'il plane entre les montagnes. Il compare les figurines en plastique de son bocal aux reliefs du territoire de l'aigle, le mouvement de ses minuscules nageoires aux ailes majestueuses de l'oiseau.

L'intelligence, les capacités mentales ne peuvent pas appréhender l'inconnu complet. Donc pour essayer de comprendre vous devez vous en tenir à vos connaissances empiriques et théoriques. Or le divin est totalement autre. Il n'est pas accessible avec la pensée ni avec l'expérience humaine. Le seul chemin vers lui se trouve dans le silence intérieur, c'est-à-dire le contraire de l'explication cognitive.

Vous pouvez entrapercevoir son reflet en admirant et étudiant la nature.

Votre être

Certains ont tendance à souhaiter séparer le corps et l'esprit, comme si l'un avait plus de valeur que l'autre. Il n'en est rien. Votre corps est le support de la vie et de ce fait de votre spiritualité. Vous expérimentez et développez votre foi, votre reliance au divin ou à l'univers grâce à votre corps. Il vous permet de ressentir, de communiquer et de donner force à votre être profond. Sans lui vous n'êtes pas incarné.
Pour pouvoir regarder vers le ciel, vous devez être installé dans un corps solide.
Il ne s'agit pas de stagner dans les sphères célestes en délaissant sa corporalité. Mais plutôt d'harmoniser tous les aspects de vous et uni en vous-même, d'avancer entier sur votre chemin.

Nier votre physicalité vous conduit directement au malheur. Vous perdez votre santé et vous sombrez dans le mental tout puissant. Malgré votre prétendue spiritualité vous n'êtes plus relié qu'au monde de la pensée. C'est seulement avec le soutien de votre corps que vous réussissez à vivre dans l'instant présent, dans le moment. Lorsque vous êtes dans votre tête, seul avec vos idéaux à évoquer Dieu ou ses saints, vous êtes dans un état sans consistance. Vous ne vivez pas, vous pensez vivre.

La foi est l'opposé du mental. La foi réunit, le mental sépare. Elle vous rend heureux, il vous fait peur.

Votre mental vous fait croire que vous êtes seul contre les assaillants, que vous êtes mieux ou moins bien que les autres.

Votre foi vous donne l'assurance d'un lendemain où tout est possible.

Une jolie histoire qui court sur internet :

Dans le ventre d'une femme enceinte, deux bébés ont une conversation.
Bébé 1 : Crois-tu à une vie après la naissance ?
Bébé 2 : Bien sûr. Tout le monde sait qu'il y a une vie après la naissance. Nous sommes ici pour grandir et être assez forts et préparés pour ce qui nous attend après.
Bébé 1 : Allons donc ! Il ne peut pas y avoir de vie après la naissance ! Peux-tu imaginer comment cette vie serait ?
Bébé 2 : Je ne connais pas tous les détails, mais je crois qu'il y a plus de lumière, et peut-être que nous nous promènerons et nous nous nourrirons là-bas.
Bébé 1 : N'importe quoi ! Il est impossible de marcher et de nous nourrir ! Ridicule ! Nous avons le cordon ombilical qui nous nourrit. Je veux simplement te faire remarquer : la vie après la naissance ne peut pas exister parce que notre vie, le cordon, est déjà trop courte.
Bébé 2 : Je suis sûr que c'est possible. Ce sera juste un peu différent. Je peux l'imaginer.
Bébé 1 : Mais il n'y a personne qui n'est jamais revenu de là ! La vie se termine simplement par la naissance. Et franchement, la vie est une grande souffrance dans l'obscurité.
Bébé 2 : Non, non ! Je ne sais pas comment sera exactement la vie après la naissance, mais en tout cas, nous allons rencontrer notre mère et elle prendra soin de nous !
Bébé 1 : Mère ? Tu penses que nous avons une mère ? Alors, où est-elle donc ?
Bébé 2 : Elle est partout autour de nous, et nous sommes en elle ! Nous bougeons à cause d'elle et grâce à elle, nous nous déplaçons et nous vivons ! Sans elle, nous n'existerions pas.

Bébé 1 : Absurdité ! Je n'ai jamais vu une telle mère ; donc, il n'y a personne.
Bébé 2 : Je ne peux pas être d'accord avec toi. En fait, parfois, quand tout se calme, on peut l'entendre chanter et sentir comment elle caresse notre monde. Je crois fermement que notre vraie vie commence seulement après la naissance.
Et vous ?

Parfois certains disent « moi, j'ai foi en moi-même » ou bien « j'ai foi en l'Homme. » Si c'est vrai c'est merveilleux, vous avez acquis une extraordinaire maturité. Mais, souvent, c'est juste une réaction allergique à la religion ou de l'orgueil.

Avant de rencontrer le divin vous devez d'abord vous connaître vous-même. Lorsque vous êtes présent à vous-même, à l'écoute de votre corps vous voyez les signes intérieurs ou extérieurs qui vous indiquent la voie, des réponses, qui vous sécurisent.
La première démarche sur le chemin de l'initiation est de vous autoriser à vivre, à être qui vous êtes.
Lorsque vous vous reconnaissez comme un individu unique, que vous faites l'expérience d'être pleinement vous-même vous ne courez plus, vous ne cherchez plus. Vous vous trouvez. Vous êtes.
Dans l'acceptation de votre existence, de votre naissance, de votre corps vous commencez à vivre, avant vous survivez.
Même si vous n'avez pas encore accès à toutes les informations, vous commencez à vous accueillir.
Vous êtes un être humain avec de la valeur, de l'importance et beaucoup à partager avec ses semblables.
Aimez votre corps, votre origine, vos spécificités, vos différences, vous. Tant que vous ne vous êtes pas autorisé à valoriser votre chair, vos racines, votre personnalité et vos inégalités, vous ne pouvez pas vous ouvrir réellement vers l'inconnu, vers le divin.
Comment pouvez-vous aimer et prendre soin de vos proches si vous ne vous estimez pas et ne vous chérissez pas vous-même ?

Une spiritualité accomplie

Le mot foi est souvent utilisé comme un synonyme du mot « croire ».
La foi est une lumière dans votre cœur que vous ressentez physiquement. Lorsqu'elle est là, vous avez confiance. Vous êtes serein.
« J'ai foi en toi » peut aussi être entendu comme « Je veux que tu sois, je veux que tu existes tel que tu es ». Avoir la foi, c'est aimer.

Lorsque vous sombrez dans la dépression, que tout va mal, vous êtes stressé. Vous priez, vous utilisez des techniques pour changer votre réalité, mais vous n'obtenez pas de résultats concluants. Vous vous sentez seul et abandonné. Vous avez perdu la foi.
Désirez une seule chose : la retrouver. C'est la clé de tout, c'est votre axe central. Grâce à elle, vous maintenez votre si précieuse lumière intérieure et votre sourire. Vous vous libérez de la déprime ou de votre humeur maussade. Votre vie devient facile.
Facile ne veut pas dire sans problèmes, mais les problèmes ne sont pas des montagnes infranchissables.
Tout le monde sur terre a des problèmes. Par contre tout le monde ne les affronte pas de la même manière.

> *« Un problème sans solution est un problème mal posé », disait Albert Einstein.*

Parfois, il suffit de prendre un peu de recul, partir seul une journée à l'océan ou à la campagne, pour apprécier sa situation avec un regard neuf et voir réellement où le bât blesse.
Respirer et retrouver la foi.

Exercice pour retrouver la foi.
Vous portez votre attention sur votre respiration jusqu'à ce que vous ne répondiez plus aux pensées qui vous traversent. Vous les laissez passer sans y prêter attention, elles ne vous dérangent pas.
Si vous avez envie, priez.
Dans cet état méditatif, appelez votre ange et demandez-lui : « Mon ange, aide-moi à ressentir ma foi. »
Accueillez ce qui se passe, laissez faire.
Propagez ce que vous ressentez à tout votre corps et même en dehors de vous. Si vous ne ressentez rien, imaginez une lumière qui s'allume en vous et vous réchauffe, puis laissez-la grandir en vous.
Demandez à votre ange de vous aider à dépasser la situation.
« Mon ange, aide-moi à retrouver la foi, l'espoir et la confiance. »
Laissez faire, ne forcez rien.
Que vous ayez vu, ressenti, compris, lâché ou pas, souriez-vous, revêtez vos lèvres d'un sourire, même forcé.
Puis souriez à vos cheveux, à vos oreilles, à votre cerveau, à tout dans votre tête, descendez et souriez à votre cœur, à vos poumons, etc. ainsi de suite jusqu'à ce que vous ayez passé votre corps en revue.
Remerciez-vous et remerciez votre ange.
Portez votre attention sur votre foi en vous.
Imaginez un « crochet » qui la relie au divin.
Ressentez. Profitez du moment aussi longtemps que vous le pouvez.

La foi n'est pas avoir confiance en quelque chose de particulier, c'est la confiance.

Ce n'est pas un choix intellectuel. Sans la foi vous errez dans les limbes du mental, donc de la peur et du malheur.

Une dame est venue me voir en consultation, elle avait bien identifié ses problèmes, elle n'avait plus la foi, elle se sentait impuissante devant ce qu'elle vivait, peu aimée et guère soutenue, elle n'arrivait pas à se sortir de là.
L'entité supérieure qui touche principalement son cœur est Marie. Je lui ai demandé de ressentir sa foi physiquement, à l'intérieur de son corps. Comme s'il s'agissait d'un organe ou d'un membre.
Puis d'ouvrir son cœur à l'Amour de la divine Marie. Lorsqu'elle s'est offerte à cette merveilleuse énergie mariale, elle a accepté que l'amour de Marie pour elle comble tous les manques de sa vie. Elle s'est sentie puissante.
La chaleur indescriptible que provoque la foi consciente lui a permis de savoir que la solution était en chemin. Si la magnifique Marie l'aime, tout va bien et tout ira pour le mieux, le fardeau est levé.
Ensuite, j'ai utilisé les outils de la guérisiologie pour l'aider à changer sa réalité, mais le plus gros du travail était déjà fait.

Vous avez la capacité de ressentir et d'accepter qu'il y a autre chose. La conviction que l'invisible et l'intangible sont réels. De vous savoir aimé et aidé sans avoir à le rationaliser. La spiritualité n'est pas limitée par des dogmes.
Elle est une ouverture vers le respect de vous-même, de la vie, de la nature.
En acceptant que vous n'êtes pas seul, vous ouvrez la porte à vos multiples capacités.

Lorsque vous laissez entrez la spiritualité dans votre vie vous trouvez un centre d'attention, un point de repère. Il s'agit d'un pilier, d'une force qui vous soutient et vous oriente.

Votre vie est bien plus simple et a un sens grâce à l'épanouissement de votre spiritualité.

Exercice pour ressentir la foi.
Pour vous, qu'est-ce que la foi ? Comment la vivez-vous ?
Centrez-vous sur vous-même, entrez en état méditatif ou de prière.
Demandez à votre corps de vous faire sentir la foi en vous.

Votre relation au divin dépend du regard que vous portez sur votre vie et sur le monde.
La valeur que vous vous donnez est essentielle et déterminante de la valeur que vous donnez à l'autre.
Il ne s'agit pas de la reconnaissance sociale sinon de la vôtre, propre et exclusive vis-à-vis de vous-même.

Une dame en soin me dit : « Je crois que les autres sont mieux que moi en tout. Moi, je ne suis douée en rien. »
Cette dame utilise les autres pour se dénigrer davantage.

Sans vous mentir, valorisez ce que vous êtes, ce que vous avez. Remerciez-vous et félicitez-vous pour tout ce que vous avez accompli. Centrez votre attention sur vos bons côtés, vos qualités et vos points forts.
Au lieu de voir vos hanches bien rondes regardez votre taille fine. Vous n'êtes pas un bourrelet, vous êtes un être humain avec un corps prodigieux.
A la place de penser à vos échecs ou à ce qu'il vous manque regardez avec bienveillance tout ce que vous avez réussi.

La nourriture ingérée est importante également. Mangez en regardant, humant, goûtant ce que vous dégustez. Lorsque vous valorisez les aliments qui vous sustentent vous faites bien plus que vous nourrir. Vous introduisez en vous le bon, le beau, le bien. Si vous êtes vraiment heureux d'avaler la bouchée sur la fourchette, ces substances nourriront tout votre être et vous satisferont totalement.

Donner de la valeur, de l'importance est indispensable pour pouvoir vous mettre en route vers vous-même, vers votre bonheur. L'élan qui vous permet de gravir des montagnes, de vous dépasser, de réussir, prend vie dans la conscience de vous-même. Vous êtes un être humain, vous avez le pouvoir de créer votre réalité.

Un pas à la fois, vous pouvez réussir tout ce que vous entreprenez, si vous vous en donnez les moyens, si vous croyez que c'est possible.

Formulez votre intention à haute voix et engagez-vous. Décidez de réaliser ce que vous souhaitez. Les grands projets très ambitieux sont bien, toutefois favoriser les buts réalisables vous valorisera davantage. Vous pouvez aussi découper en projets atteignables dans un espace-temps raisonnable les grands plans. Les « petites » réussites sont des réussites. Partez gagnant et vous le serez.

Parfois, il faut se secouer un petit peu, mobiliser sa détermination, pour manifester l'impulsion qui va démarrer votre initiative, votre rêve, votre idée.

La voix du cœur

Vous avez tous, toutes les réponses, en vous. Parfois vous avez du mal à vous entendre vous-même. Alors dans son infinie sagesse votre corps attire à lui des personnes et des situations qui vous permettent d'exprimer vos pensées.

Remarquez comme à chaque fois que vous vous posez une question quelqu'un vient vous la poser.

Par exemple : vous vous demandez s'il faut rester ou partir de votre travail. Un ami vous appelle pour vous faire part de sa décision de démissionner. Écoutez bien ce que vous lui répondez car c'est à vous-même que vous parlez, libre de toutes vos considérations émotionnelles et financières. Ou bien vous allez ouvertement exprimer vos peurs. Écoutez-vous. Il s'agit de la réponse à votre questionnement.

Ce que lui vous a répondu n'a pas beaucoup d'importance pour vous, car il parle pour lui. Mais vous, que lui avez-vous dit ? Qu'avez-vous dit à cette personne sur ce sujet ou un thème similaire ?
C'est infaillible.

Vous vous posez des questions sur votre couple. Un couple que vous connaissez se retrouve dans une situation périlleuse. Que pensez-vous d'eux ? Que leur donnez-vous comme conseil ? Vous vous parlez à vous-même, pensez-y. Alors soyez le plus sincère possible !

> *Lors d'un atelier un monsieur m'exprime qu'il n'arrive pas à comprendre exactement comment ce principe fonctionne. Lorsqu'il conseille quelque chose à quelqu'un c'est 100% adressé à la personne et non à lui-même.*
> *Alors je propose un exercice :*
> *Toute ma famille vit très loin de moi et j'ai du mal à bien le vivre. Ceci posé, chacun d'entre vous me donne un conseil.*
> *Le tour de table commence, chacun après avoir exprimé son avis, plus ou moins en rapport avec l'énoncé, termine par « Oh, mais c'est vrai pour moi ça ! ».*
> *Puis vient le tour du monsieur, qui m'explique que je devrais favoriser les moyens de communications modernes, néanmoins écrire des lettres c'est bien aussi... lorsqu'il s'arrête interloqué. Là il avoue qu'il se sent lui-même séparé de sa famille et qu'il est en train de se dire que tous les moyens sont bons pour renouer le dialogue.*
> *Il me demande comment le fait qu'il demande à ses colocataires de participer davantage aux tâches ménagères s'adressait à lui ? Il*

répond lui-même en disant qu'au fond de lui il considérait qu'il n'en faisait pas assez également.
Belle prise de conscience !

A chaque fois que vous donnez un conseil, même lorsqu'il est sollicité, vous vous conseillez vous-même. La personne qui vous écoute peut profiter de votre sagesse. Mais vous, écoutez-vous. Vous êtes sage et vous avez toutes les réponses pour vous-même. Ne vous fâchez pas si quelqu'un n'applique pas vos conseils, ils vous étaient destinés, à vous.

Vous avez un problème ? Alors sortez rencontrer des gens ou appelez vos amis et demandez-leur comment ils vont. Ce que vous leur direz est exactement ce que vous avez besoin d'entendre.

Exercices pour avoir des réponses à vos questions.
1 Quels conseils avez-vous donnés récemment ?
- Comment s'appliquent-ils à vous ?

2 Ecrivez le nom de chaque personne de votre entourage sur une feuille.
- Quel conseil donneriez-vous à ces personnes ? Que pensez-vous qu'elles devraient faire ?
- Comment est-ce que cela s'applique à vous ?

3 Êtes-vous en train de reconsidérer un aspect de votre vie ?
- Avez-vous un choix déterminant à faire ?
- Avec qui avez-vous parlé de ce sujet ?
- Qu'avez-vous dit à cette personne (ou ces personnes)?

L'extraordinaire merveille qu'est votre corps vous offre une infinité de possibilités. Vous voyez. Si ce que vous percevez ne vous convient pas ou ne vous suffit pas, vous avez aussi l'ouïe, le toucher, l'odorat, l'intuition, votre talent propre, etc.

Une de mes amies a créé un mandala potager biologique. Un cercle d'une dizaine de mètres de diamètre, où elle plante légumes, aromates et fleurs selon une méthode personnelle inspirée des jardins de Findhorn et de Perelandra.
Elle invoque les dévas, les esprits de la nature. Puis elle se laisse guider pour semer ceci ici et cela là. Elle jardine avec eux et obtient des résultats extraordinaires et non conventionnels. Ses légumes sont gigantesques et succulents. Elle vit des expériences fantastiques dans son potager. Elle a réussi à oublier toutes les notions de jardinage lues ou entendues. Ses plantations hétéroclites sont belles et lui donnent suffisamment pour partager ses récoltes avec ses proches, tout en restant en harmonie complète avec la nature.

D'abord vous apprenez à vous aimer vous-même. Dans cette démarche l'autre est votre miroir et vous l'aimez pour ce qu'il vous montre de vous-même.

Ensuite lorsque vous vous aimez réellement, vous aimez l'autre pour ce qu'il est, son individualité et le fait qu'il n'est pas vous. Vous aimez qu'il agisse, pense et chérisse autrement.
Alors vous aimez ce qu'il vous fait devenir. Vous transcendez volontairement et grâce à l'autre vos envies et désirs. Vous vous transformez naturellement en une nouvelle personne.
Enfin, vous développez votre humanité au point de ne voir que l'amour. Vous êtes constamment émerveillé.

Recevoir et donner

Lorsque vous faites un cadeau, vous pensez, vous cherchez ce qui pourrait faire plaisir. Vous l'achetez. Vous pouvez l'emballer, puis l'offrir. C'est tout un rituel.
Vous offrez de l'attention, du temps, de l'amour en plus du cadeau. Que la personne qui le reçoit l'apprécie ou non, cela n'enlève rien au fait que vous avez pratiqué le don de vous-même.
Plus vous donnez de l'attention et plus vous pouvez en donner, comme l'écoute par exemple : plus vous écoutez l'autre et plus vous augmentez votre capacité à écouter.

Ecouter, ça veut dire donner votre attention complète et totale à l'autre.
Pendant qu'il parle, vous ne pensez pas à autre chose, ni même à lui trouver une solution et encore moins à ce que vous allez lui répondre. Vous ne pensez plus, vous écoutez.
Lorsque vous parlez à quelqu'un qui profite d'une respiration pour prendre la parole, c'est un peu frustrant, n'est-ce pas ?
Si vous souhaitez une réputation de quelqu'un qui possède une belle conversation, écoutez la personne qui parle.
Vous souhaitez être écouté. Quand vous l'êtes réellement, vous vous sentez bien, rempli.

Celui qui a écouté se sent reposé, car il n'a pas surchauffé son cerveau, il a pu se relaxer et seulement écouter.
Un ami qui vient vous exposer son problème a rarement envie d'une solution de votre part, encore moins de reproches ou de sermons. Il veut ou bien s'épancher ou bien être écouté. Dans les deux cas, il ne s'agit pas de rapporter la situation à vous.

Pour écouter, donnez votre attention, ne cherchez pas :

- à vous assurer de son confort,
- à calculer comment l'aider,
- à le plaindre,
- à l'interrompre,
- à parler de vous,
- à gigoter dans tous les sens,
- à penser à autre chose,
- à vous dire que ce n'est pas du tout comme ça qu'il aurait dû faire.

Pour écouter vraiment, regardez-le et écoutez-le. Vous n'avez même pas besoin d'être passionné par sa conversation.
Lorsque vous écoutez quelqu'un, vous lui transmettez un peu de ce que vous êtes. Si vous êtes attentif, donc calme et serein, la personne en face de vous se recharge. Ecouter est vraiment un beau cadeau.

> *Souvent les gens me disent « J'aime bien venir vous voir car vous avez toujours des choses intéressantes à dire ». Un jour je me suis chronométré. J'ai parlé 7 minutes sur une heure.*
> *C'est à peu près ma moyenne.*

Lorsque vous prenez le temps d'écouter quelqu'un, vous vous sentez bien tous les deux et cela n'a pas de prix.
Si vous vous octroyez du temps pour vous ou pour vos proches, c'est du temps bien dépensé.
Quand vous prenez le temps d'aller visiter une personne malade, vous y passez quelques heures avec le trajet. Par contre, la personne s'en souviendra longtemps.
Au contraire du temps, il y a l'amour. Avec lui, plus on en donne, plus on en dispose. Lorsque vous préparez un repas avec amour, il est toujours meilleur.

Parfois, certains confondent amour et sacrifice. Dans le sacrifice vous vous oubliez totalement, ce n'est pas le cas dans l'amour.
L'amour est un acte de partage. Un acte d'amour est un don à l'autre qui vous fait aussi plaisir. Si ce n'est pas le cas, ce n'est pas de l'amour. Rendre service à quelqu'un pour en attendre quelque chose en retour est un échange, ce n'est pas un don.

Lorsque vous rendez service pour rendre service, c'est un acte d'amour, c'est gratuit et satisfaisant. Comme sourire à un inconnu ou à tout le monde sur votre chemin.
Faire les choses avec amour, de bon cœur cela veut dire les accomplir avec attention et avec joie.

> *Un monsieur en soin me disait « J'aide beaucoup de gens, je le fais de bon cœur, mais je suis vidé ».*
> *J'ai demandé à ce monsieur de m'expliquer ce qu'il étend par 'de bon cœur'.*
> *« Je l'ai proposé et je l'ai fait gratuitement. »*
> *« Mais avez-vous pris plaisir à le faire ? »*
> *« Non », m'avoue-t-il.*
> *« Voilà le problème. Donner, quoi que ce soit doit vous faire plaisir à vous avant tout. Là ça vous nourrit ».*
> *« Je le faisait avant. J'adorais aider les gens. Qu'est ce qui a changé ? »*
> *Dans le cas précis de ce monsieur, il est rentré dans l'habitude d'aider et plus dans le don. Il ne savait pas dire non ni respecter ses propres besoins. Apres quelques séances il a retrouvé la joie de donner de bon cœur en gardant son énergie vitale.*

Vous êtes rémunéré pour votre travail, mais vous pouvez le faire avec plaisir aussi. Si ce n'est pas le cas vous perdez une belle opportunité de vous amuser et de vivre tout simplement. Prenez plaisir à faire votre travail et vos tâches quotidiennes. Vous pouvez tout à fait être heureux de faire ce que vous faites.

Le mot joie est synonyme d'amour. Lorsque vous êtes amoureux, dans cette euphorie d'amour, vous avez le sourire.
Lorsque vous êtes véritablement joyeux, vous êtes bon et attentionné envers les autres. Ce sont des élans du cœur qui ouvrent de nouvelles portes.

Exercices sur le bonheur de donner.
1) Souvenez-vous de la dernière fois où vous avez donné, comment vous êtes-vous senti ?
2) Choisissez une journée où vous allez tout faire par plaisir, quoi qu'il se passe. Faites l'expérience.
3) Trouvez une bonne excuse pour donner :
- de l'argent à une bonne œuvre,
- du temps à une personne,
- de l'attention à quelqu'un qui en demande.

Prêtez attention à ce que vous ressentez, en le faisant.

Il y a aussi beaucoup de bonheur à recevoir de l'attention, de l'aide, un sourire, un cadeau, une reconnaissance.
Lorsque vous recevez, vous permettez à quelqu'un de donner.
L'acte de recevoir est un don. Vous offrez à l'autre le plaisir de donner. Si recevoir vous gêne, vous empêchez votre entourage de donner comme il le souhaiterait. Vous privez ceux qui vous aiment de la joie de vous donner.

Recevoir un cadeau implique que quelqu'un a de bons sentiments pour vous. Même s'il s'agit d'une babiole. Il a pensé à vous, il a pris le temps d'aller l'acheter, de l'emballer et de vous l'offrir.
Quand vous recevez de l'attention ou de la reconnaissance, vous vous autorisez à vivre, à partager un bout de vie avec les personnes qui vous entourent. Recevoir est un geste d'amour.
Si vous acceptez d'être aidé, vous accordez à l'autre l'opportunité de pratiquer le don de soi. Vous aimez aider les autres, ne les

privez pas de vous aider en retour. Tout le monde aime se sentir utile. Lorsque vous faites tout, tout seul, vous lésez votre entourage. Vous lui dérobez le plaisir d'aider. Il perçoit, inconsciemment, que vous ne l'estimez pas, que vous ne lui faites pas suffisamment confiance pour lui demander de l'aide. Alors soyez gentil, demandez de l'aide et acceptez celle qui vous est offerte.

> *Une femme me racontait qu'elle avait été fort surprise lors de son dernier déménagement car une des dames qui était venue l'aider l'avait remercié avec effusion pour lui avoir donné l'opportunité de participer à son déménagement.*
> *C'est en effet déroutant, car déménager est souvent considéré comme une corvée. Toutefois cette dame expliquait qu'elle n'avait jamais été invitée à aider lors d'un déménagement, elle pensait que personne ne la croyait assez forte ou n'avait confiance en elle. Elle a fait un travail merveilleux et fut d'une grande aide.*

Recevoir est aussi important que donner. Car cela implique de rester humble, d'ouvrir votre cœur, de faire une place à l'autre, ainsi que de permettre le partage et l'échange.
Donner c'est merveilleux, donner sans recevoir est épuisant. Tout comme recevoir est magnifique mais sans donner c'est vide de sens.

Aimé et être aimé

Si vous avez un chien ou un chat, vous faites l'expérience de l'amour inconditionnel. Votre boule de poils sur pattes vous aime. Que vous soyez, beau, mince, athlétique, soigné, intelligent, propre ou pas, il vous aime avec fascination. Même si vous n'êtes pas très gentil avec lui, il vous aime tout de même. Il ne vous comprend pas, il est dans vos jambes mais il vous regarde

affectueusement et avec une tendresse débordante. Si vous avez deux sous de présence, vous craquez irrémédiablement, pour ces êtres vivants au regard si profond et léger.
Les personnes qui n'aiment pas la compagnie des enfants fondent en quelques minutes devant un petit qui leur sourit et leur prend la main, les embrasse et les fait se sentir importants.
Vous êtes tous capables d'aimer et vous êtes tous aimables.
D'ailleurs vous aimez tous consciemment quelqu'un et vous êtes tous aimés, même si vous ne pouvez pas le voir.

Une patiente me racontait qu'elle avait cherché et retrouvé son père dans le but de se libérer de ses terreurs d'enfance et de lui pardonner. Dans sa mémoire, il était un homme abject, alcoolique, violent et pédophile. Toute sa vie, il avait représenté l'incarnation du mal. Il était interné depuis trente ans en hôpital psychiatrique pour schizophrénie.
Quelle ne fut pas sa surprise d'entendre les infirmiers parler de lui avec affection. Comment quelqu'un sur terre pouvait aimer cet homme qui avait dédié sa vie au mal et au vice sous de nombreuses formes ?
Même son médecin parlait de lui avec gentillesse. Le personnel le plaignait et essayait de compenser le fait que personne ne le visitait jamais, ni une lettre ni un appel téléphonique.
Son traitement était si puissant qu'il annihilait tous ses penchants pervers. Il n'était plus un danger pour personne. Il ressemblait à un légume ambulant. Grâce à ces personnes et une fois remise du choc, la dame a pu commencer à lui pardonner. Si des gens l'aimaient, c'est qu'il n'était pas le diable après tout, malgré ce qu'il avait fait subir à sa famille. Petit à petit, elle réussit à le voir à travers les yeux du personnel soignant.
Elle comprit que ce qu'elle avait toujours désiré, c'est qu'il l'aime. Que derrière le monstre qu'elle avait connu, il y avait un homme qu'elle aimait malgré tout.

L'amour revêt de multiples couleurs. Il est toujours une force. Lorsque vous êtes conscient d'être aimé vous êtes beaucoup plus vivant.
Osez ouvrir votre cœur, même si cela vous expose à des douleurs, elles ne sont rien comparées aux joies d'aimer. Aimer votre partenaire de vie est magnifique. Toutefois ne limitez pas l'amour à l'intimité conjugale. Il y a de nombreuses formes d'amour et elles sont toutes merveilleuses. Offrez-vous d'aimer la nature, en général et en détail, les animaux, votre communauté, votre ville, votre travail et surtout les personnes qui vous entourent.

Plus vous aimerez et plus vous serez nourri d'amour.

Lorsque vous êtes heureux, vous voyez le bon côté des choses. Vous êtes plus tolérant. Vous êtes plus souple. Vous êtes plus agréable à vivre et vous rendez votre entourage heureux. Lorsque vous avez la foi vivante en vous, tous les problèmes ont une solution. Vous traversez les épreuves la tête haute. Il y a une lumière dans votre cœur qui vous anime et vous console. Vous sortez des périodes de doute plus fort et plus mûr.

La foi vous permet de voir votre vie à la lueur de l'espoir. La confiance vous encourage à entendre la musique de la nature. L'espérance vous engage à ressentir avec passion. Vivez votre spiritualité ouvertement et sans restriction, fort de la puissance de l'amour. Donnez et recevez avec abondance. Ecoutez humblement.

Soyez heureux sans restriction, conscient que le bonheur est contagieux.

La mission

Il y a un point commun entre tous les hommes et les femmes du monde entier, à travers les âges : tous caressent l'espoir de rencontrer quelque chose de plus grand. Beaucoup ne l'appellent pas Dieu et nombreux sont ceux qui le recherchent à travers des choses matérielles. Néanmoins, quel que soit le nom que vous lui donnez, tous les humains ont comme mission la quête de leur part divine. Commencez par vouloir faire la paix avec lui dans votre cœur. C'est le premier pas sur le chemin.

Parmi le Père-Mère, la Grande Déesse, la Source, l'Eternel, Dieu, Mère Nature pour ne citer que quelques noms, faites votre choix et entrez en relation avec cet être supérieur. Il n'est guère aisé de rentrer en communion avec des concepts tels que la lumière, la nature ou même l'univers. Une déité, un symbole personnifié favorise grandement l'interaction positive avec le divin. Le nom que vous lui donnez ou l'habit philosophique qu'il revêt est en accord avec votre être. C'est ce que vous recherchez, ce dont vous avez besoin pour vous épanouir. La relation que vous développez avec votre divinité vous rend fort. Plus jamais, dans aucune circonstance, vous n'êtes seul et sans soutien. Vous avez un allié puissant qui vous aime sans condition. Vous voyez en l'autre ce qui est en vous.

Ainsi, fréquenter intimement un être divin réveille en vous toutes ces merveilleuses qualités. Vous commencez à l'imiter, à copier ses qualités. Vous devenez celui que vous avez vraiment choisi d'être : vous-même. Le lien que vous créez avec lui est l'ancrage de la foi dans votre corps, cette lumière qui adoucit vos moments sombres et illumine vos heures de gloire. Cette force intérieure vous relève la tête et calme votre mental. L'espoir n'est plus un mot mais une notion, un principe de vie.

Vous pouvez vous entourer de représentations, d'icônes de votre magnifique être supérieur. Lorsque votre foi cède devant les turpitudes de la vie, un simple regard posé sur son effigie ou son symbole matérialisé et votre lumière intérieure reprend toute sa place, toute sa puissance. Vos pensées se calment. Vous avez un être divin qui vous aime sans vous juger, qui reste présent, à vos côtés, en toutes circonstances. Il est là même quand vous le rejetez. Il ne vous demande rien en retour, ni même de l'aimer. Vous êtes toujours accompagné. Vous pouvez être vous-même.
Vous prenez le chemin de vous découvrir et de développer vos talents, vos dons et votre humanité. Vous êtes enfin libre.

Exercice pour être en accord avec soi-même.
Dans un endroit calme, prenez le temps de vous détendre totalement. Puis laissez vos pieds entrer dans la terre jusqu'aux genoux, doucement, lentement. Appréciez chaque instant.
Sentez votre corps s'affiner, s'allonger et devenir la tige d'une fleur. Votre tête se transforme en fleur. Ne forcez rien, acceptez la fleur que vous devenez sans juger. Accueillez-vous en fleur.
Goûtez la saveur d'être ce que vous êtes.
Ressentez le soleil caresser vos pétales, sa douceur, sa chaleur, sa lumière. Ressentez la métamorphose qui s'opère en vous sous la puissance de ses rayons. Laissez-le vous nourrir généreusement. Vivez cet instant pleinement.
Imaginez-vous devenir le soleil. Vous êtes le soleil.
Ressentez. Plus vous rayonnez, plus vous donnez de vous-même et plus vous êtes chaud, puissant, présent, etc.
Profitez de ce sentiment.

Doucement, à votre rythme vous cessez de vouloir acquérir et vous devenez qui vous êtes réellement, un enfant de la Terre, un enfant du divin.
Vous vous mettez à la disposition de votre destinée, de votre âme. Vous mettez genou à terre et vous abandonnez le combat incessant de l'illusion de posséder quoi que ce soit.
Vous délaissez la chimère d'être supérieur à quiconque. Vous cessez de vous comparer. Vous ne mesurez plus : le temps, la valeur matérielle ou les connaissances.

Lorsque vous êtes persuadé de quelque chose, vous vous coupez de l'intuition. Le savoir est mental, l'intuition est divine. En communion avec cette partie de vous-même qui côtoie les anges, vous avez accès à toute la connaissance des univers dans tous les espace-temps. La sagesse n'est pas savoir, elle est discernement bienveillant.
Grâce à votre foi, vous vivez une relation privilégiée avec le divin.
Former cette connexion, cette relation intime avec le divin est votre principale mission.
Toutes les autres se font naturellement.

> *"Notre peur la plus profonde n'est pas d'être nul et incapable.*
> *Notre peur la plus profonde, c'est d'être puissant au-delà de toute mesure.*
> *C'est notre lumière, pas notre ombre, qui nous effraie le plus.*
> *Nous nous demandons : « Qui suis-je pour être brillant, talentueux, génial ? »*
> *Et la vraie réponse devrait être : « Vous êtes un enfant de Dieu. »*
> *Rester jouer dans votre école maternelle n'offre aucun service au monde d'aujourd'hui. Il n'y a rien de sain ou d'illuminé à vous rétrécir et à vous cacher pour ne pas insécuriser votre entourage.*
> *Nous sommes nés pour manifester la gloire de Dieu qui est en nous.*

Ce n'est pas limité à certains, c'est en nous tous.
Quand nous laissons briller notre lumière,
Les autres ressentent inconsciemment la permission de faire de même.
Quand nous nous libérons de notre propre peur notre présence libère automatiquement les autres."

Discours d'inauguration de Nelson Mandela, 1994

La trinité de l'enfer

Moi, je vais bien, ce sont les autres qui ne vont pas !

L'essentiel chez les êtres humains, c'est avant tout la relation, l'histoire partagée avec les gens, les choses, les plantes, les animaux, l'invisible et les situations.
Les rapports que vous entretenez avec les autres vous rendent heureux ou malheureux. Ce fait accepté, vous êtes à la merci des gens. Vous êtes soumis au bon vouloir de ces personnes de vous accorder le bonheur. C'est triste comme expectative de vie. Peut-être que vous fonctionnez comme cela depuis longtemps. Ce n'est ni valorisant, ni satisfaisant, ni bienfaisant.

Il arrive à tous parfois, d'étiqueter une personne comme n'étant « pas bien ». D'élaborer une connaissance de cet individu basée sur des bribes de sa vie. De temps en temps, vous vous les répétez en boucle. « Oui, de toute façon, il croit toujours qu'il a raison, même quand il a tort, il croit qu'il a raison, même s'il devait en mourir il croit qu'il a raison, etc. »
Parfois, vous y pensez pendant plusieurs jours, puis ça s'arrête et plus tard ça revient encore. Vous n'avez pas forcément revu cette personne entre temps. Il y a quelque chose en vous qui a réveillé cette pensée. Certaines personnes interrompent la ritournelle en se disant : « Mais pourquoi je m'en prends à lui ? S'il veut avoir raison, c'est son droit. »
Néanmoins ce n'est pas toujours suffisant pour arrêter le petit vélo mental. Vous pouvez aller jusqu'à vous dire : « OK, est-ce que je veux absolument avoir raison pour quelque chose ? »

Là, il y a deux options. Vous en profitez pour culpabiliser, vous rabaisser et vous auto-flageller. Ou bien vous allez au bout du raisonnement et vous trouvez ce à quoi vous vous accrochez, votre preuve, votre logique. En quoi voulez-vous avoir raison ?
Puis, vous lâchez prise, vous vous détendez, vous vous apaisez, vous adoucissez votre force de conviction. Pour suivre l'exemple pris dans ce texte, vous acceptez de ne pas avoir raison.
Si la même chanson reprend, c'est que vous n'avez pas été suffisamment en profondeur, qu'il y a un aspect que vous n'avez pas vu, une répercussion ou le véritable enjeu de la situation.
La clé, c'est bien souvent d'abord de comprendre, puis d'abandonner (la douleur, le stress, la tourmente, la pression) et enfin de sourire.

Vous avez peut-être accepté de participer à un jeu de rôles psychologique. Il s'agit de la trinité de l'enfer. Voici les règles du jeu le plus joué dans les relations. Il y a 3 rôles principaux : la victime, le bourreau et le sauveur.
La victime et le sauveur choisissent leur affectation. Le bourreau lui est désigné par un joueur. S'il accepte sa mission, il devient lui-même victime.
Vous allez voir, c'est très simple !

La victime

La victime subit sa vie. Elle est insatisfaite. Sa vie est difficile.
Elle a beau tout faire, elle est aux prises aux injustices de son existence : le monde ne tourne pas rond, Dieu permet tous ces malheurs, les gens ne font pas ce qu'ils sont supposés faire.
Elle se dévoue, elle se sacrifie, elle donne et fait bien plus que quiconque, mais elle n'obtient aucun résultat positif. Elle se prend pour une bonne poire.

Elle se sent mal-aimée. Elle se sait critiquée. Elle est seule. Elle souffre.
Les rayons de soleil dans son cœur sont rares. Qu'a-t-elle bien pu faire pour mériter cela ?
Certains lui disent qu'elle est négative, qu'elle devrait demander de l'aide.
La vie est dure, c'est un fait. Elle se plaint souvent. C'était tellement mieux avant.
Elle doit se méfier de tout et surtout des autres. Il y a des dangers partout.
Elle fait son devoir en propageant la peur et l'intolérance. Il faut que tout le monde sache. Il y en a même qui appellent cela éveiller les consciences.... « Méfiez-vous, ayez peur de tout. Condamnez ceux qui gagnent autant d'argent que vous aimeriez avoir. Luttez contre ceux qui essayent de faire quelque chose, ça cache sûrement un intérêt personnel ou une malveillance. »

Parfois, elle ressasse les moments les plus noirs de son existence. Elle voyage aussi dans un futur sombre ou bien totalement irréaliste. Mettant en scène des situations où elle sera tour à tour un philanthrope sauveur de l'humanité et un génie du mal qui se venge de tous ceux qui l'on fait souffrir.
Elle est incapable de voir la sortie du tunnel. Qu'elle soit fataliste ou bien rebelle, elle se bat toujours contre des géants.
L'état de victime c'est aussi de se sentir débordé par les événements. Être submergé par tout ce qu'il y a à faire et tout ce que l'on attend d'elle. Se sentir pris au piège, fait comme un rat.
Si la victime imagine une seconde qu'elle est peut être responsable de ce qu'elle vit, c'est pour mieux s'engouffrer dans le sentiment de culpabilité.
Elle s'est elle-même jugée « non suffisante », elle se punit, se sabote et se rabaisse. Evidemment, ce comportement l'engage encore plus profondément dans l'illusion de son rôle de victime.

Aussi paradoxal que cela paraisse, nombreuses sont les victimes chroniques qui nient leur condition. Elles ne s'en rendent pas compte. C'est « normal ».
En résumé, la victime vit un ou tous les aspects suivants : elle se sent mal-aimée. Elle est une petite chose, sans ressource, ni potentiel, ni aide. Elle ne peut pas s'en sortir. C'est de la faute de quelqu'un ou d'une situation. Elle n'est pas responsable.

Le sauveur

Le héros incompris. Il fait tout. Il pense beaucoup. Il a une grande épée tranchante pour lutter contre l'injustice. Cela se passe plus souvent dans sa tête que dans la réalité physique.
Ce merveilleux militaire de cœur décide de ce qui est juste et bon.
Il est toujours prêt à dispenser sa sagesse et ses conseils, qu'on le lui demande ou non.
Il recherche constamment à être reconnu et admiré même s'il s'en défend à grands cris.
Il a besoin de se sentir utile et surtout qu'on l'aime.
C'est un justicier qui est prêt à oublier de respecter l'autre, à l'écraser pour mieux l'aider.
Il se sent investi du devoir de secourir, car il est plus fort et plus intelligent que le reste de ses congénères.
Le sauveur n'a généralement aucune conscience de traiter les autres comme des êtres inférieurs, des assistés, des "andouilles" incapables de gérer leur vie.
Il est souvent déçu par le genre humain qui ne le remercie pas assez pour tous ses actes de bonté et de générosité.
Il peut même parfois devenir acerbe, sarcastique, avec les personnes qui refusent de suivre ses conseils.
Il peut friser la méchanceté, mais l'autre l'a bien mérité, après tous les efforts, le temps, la patience, le travail qu'il lui a consacré.

Il a souvent autour de lui, une « réelle » victime qui lui demande de l'aide. Une personne très pauvre, ou très malade, ou très malheureuse.
Lorsqu'une personne le remercie pour tous ces efforts, il s'accroche à ces remerciements comme à la carte de l'Eldorado. Il se les récite comme un poème et le mentionne régulièrement dans ses conversations. Il a fait quelque chose de « bien ». On lui a remis une médaille.
Le sauveur rêve de grandeur et a souvent un sentiment d'insatisfaction.

Il est une victime qui refuse de l'être. Il a raison. Sa cause est juste. Les autres ont tort.
Il se sent seul en haut de son piédestal. Il se bat contre tous. Il n'a pas de temps de repos. Il doit se montrer plus malin, plus fort et intelligent. Il a l'impression que tout le monde attend de lui qu'il soit bien plus que parfait. Il a du mal à satisfaire toutes les exigences.
Le sauveur est malheureux, même s'il ne l'admet pas toujours. Il est tellement occupé à brasser du vent.

Le bourreau

Le bourreau est perçu par l'autre comme tel. Lui n'en est pas toujours conscient. Dans ce texte, je ne parle pas de la minorité de personnes foncièrement méchantes, seulement de la grande majorité du commun des mortels.
Donc, un bourreau peut aussi bien être une victime qui vampirise son monde ou un sauveur qui impose ses convictions.
Il peut être considéré par certains comme un pauvre bougre, par d'autres comme un héros et vu également comme un rustre éhonté.

Tout le monde, à un moment donné, est considéré par quelqu'un comme un bourreau.
Il se prend souvent pour un sauveur, ce héros incompris. Il est toujours victime des gens qui l'ont choisi comme bourreau.

Lorsqu'une victime n'a plus rien à se mettre sous la dent, elle « balaye inconsciemment » son entourage, elle fait le tour de son cheptel et choisit sa prochaine victime. Vous.
Elle vous désigne comme son bourreau. Elle vous rend coupable de quelque chose.

Maintenant comment réagissez-vous ? C'est intolérable, vous n'avez rien fait pour mériter cela ! Ça y est, vous avez accepté votre mission, vous avez revêtu l'habit du bourreau et donc de sa victime.
Vous voilà dans le jeu de rôle de la trinité de l'enfer.

Les 3 facettes victime / sauveur / bourreau sont totalement interchangeables et indéfectibles les unes des autres. En réalité, il s'agit de la même expérience.

La première chose à faire est d'identifier que vous êtes entré dans ce jeu de rôle émotionnel. Vous ne pouvez en sortir qu'en conscience.
Plus longtemps vous y restez et plus votre vie est difficile. Vous créez des programmes, des carapaces et bien d'autres choses qui vous emprisonnent davantage dans ce jeu égotiste infernal.

Ce n'est pas la peine de vous identifier davantage à l'un ou l'autre. Lorsque vous êtes dans ce puits sans fond, vous dansez la valse à trois temps victime – sauveur – bourreau.

Pour les plus éveillés d'entre vous, votre habile vigilance est primordiale pour ne pas y rejouer trop souvent.

Vous parlez toujours de vous, quand bien même vous êtes en train de parler d'autrui.
Lorsque vous pensez ou dites que telle personne est intelligente, en réalité vous êtes en train de vous parler à vous-même. Vous vous dites que vous êtes intelligent.
Tout ce que vous regardez, vous le voyez au travers de vos yeux. Selon vos capacités à voir le beau ou le bien, vous percevez votre vie, les gens et les situations.
Tout ce que vos sens sont aptes à discerner est filtré par votre mental. C'est-à-dire votre manière de concevoir toutes choses. Si vous êtes enclin à distinguer les manques et les faiblesses, c'est ce que vous notez en premier et principalement. Il en va de même si vous êtes ouvert à la différence, submergé par votre stress ou joyeux.
Vous vivez, voyez, entendez, ressentez selon votre disposition d'esprit du moment. Ainsi lorsque vous parlez, vous exprimez votre attitude mentale actuelle. Que vous discutiez d'un livre, d'une personne ou de votre travail, vous accentuez les points qui sont importants pour vous à ce moment-là, c'est dire votre état d'être. Vous exprimez votre réalité intérieure.

> *Un exemple : j'encourage souvent les gens à adoucir ou transformer leur quotidien en demandant de l'aide aux anges. Voici la technique : « Mon ange, s'il te plaît, aide-moi avec ceci ou cela. » Puis remerciez.*
> *Vous pouvez tout demander et ce à chaque seconde. Demandez de l'aide pour votre santé, votre bien-être, vos finances, vos amours, votre travail, vos relations aux autres, absolument tout. Ils ne vous jugent pas et font leur possible pour vous satisfaire. Vous leur demandez de solutionner au mieux la situation et vous arrêtez d'y penser. Laissez-les vous trouver des solutions. Plus vous leur*

demandez de l'aide et plus ils sont heureux. Vous leur permettez de vivre leur raison d'être.
Cela paraît clair. Pourtant, j'obtiens parfois des réactions très différentes selon les personnes. En voici quelques-unes :
« Je suis fâché avec la religion ». « Je ne demande pas pour moi. Ce serait trop simple ». « Je ne vais pas les embêter avec mes petits soucis ». « Les anges ça n'existe pas ». « Je préfère parler directement à Dieu ». « Ce n'est pas possible, je ne suis pas dupe ». « Je ne peux pas, je ne sais pas comment il s'appelle ». Etc.

Heureusement, la plupart des gens s'enthousiasme pour cette formule pratique. La méthode est simple, efficace et gratuite. Elle n'engage à rien, même pas d'y croire.
Elle permet une ouverture mentale extraordinaire. Elle suggère l'idée qu'il y a des moyens de s'en sortir à portée de main. Elle entrouvre une porte vers une vie meilleure.

Qu'est-ce qui vous tient à cœur ? La silhouette, la reconnaissance sociale, la situation familiale, la mode, la religion, l'argent, la forme du nez ? Vous avez tous des aspects que vous considérez comme importants, essentiels. Vous jugez les autres sur ces critères. Vous vous jugez vous-même avec ces paramètres.
Par exemple si les mains sont très « caractéristiques » pour vous, vous mesurez toutes les personnes que vous rencontrez avec cette donnée. Pour vous, les mains ne trompent pas. Vous avez une vue d'ensemble de la personne en quelques secondes, grâce à un coup d'œil sur ses mains. Si ce n'est pas votre cas, vous trouverez probablement cela burlesque ou superficiel.
Alors pour vous, quelle est votre mesure ? Les diplômes ? La taille ? L'orientation politique ? Les chaussures ?
Essayez de vous libérer de votre gigantesque préjugé et regardez toutes ces personnes que vous avez cataloguées, rejetées ou accueillies sur un simple détail qui n'est pas du tout déterminant.

L'habit fait le moine, encore faut-il qu'il porte la tenue complète.

Vous ne voyez chez l'autre, que ce que vous avez en vous. Donc, si vous trouvez Untel beau et intelligent, c'est le langage qu'utilise votre cerveau pour vous dire : « Hé, regarde comme toi, tu es beau et intelligent. »
Si vous attachez beaucoup d'importance aux vêtements, voyez que vous ne vous montrez pas tel que vous êtes, mais que vous « habillez » votre vérité.

Faites une expérience, notez quels sont les personnes que vous admirez le plus, parmi vos proches, parmi les personnages connus : historique, acteur, chanteur, politicien, imaginaire, ce que vous voulez. Cela n'a pas d'incidence sur le résultat.
Qu'aimez-vous le plus chez cette personne ? Le trait de caractère qu'elle possède qui fait que vous l'admirez, que vous la trouvez mieux que vous, que vous la préférez à ses pairs.
Prenez du recul et voyez comme vous aussi, vous possédez ces qualités. Faites de même dans le sens contraire. Qui n'aimez-vous pas, vous insupporte, vous énerve ?
Trouvez le défaut principal de cette personne selon vous.
Avec le plus de sincérité possible, voyez comme vous vous sentez parfois coupable d'avoir de telles pensées ou que dans le passé vous avez vous-même agi d'une manière similaire.
Il se peut aussi que vous ayez vécu quelque chose de cet ordre et que vous l'ayez oublié.

Votre inconscient vous demande peut être d'aller visiter une période de votre vie que vous avez relégué aux oubliettes.

Exercices pour utiliser l'effet miroir.
1 Choisissez quelques films ou personnages célèbres que vous admirez :
- Pourquoi l'admirez-vous ? Quelle est la qualité que vous appréciez par-dessus tout ?
- L'êtes-vous aussi ? Souhaitez-vous l'être ? Etc.
2 Choisissez quelques acteurs ou politiciens que vous n'aimez pas :
- Pourquoi ?
- L'êtes-vous aussi ? Souhaitez-vous l'être ? Etc.

Vous écouter parler est vraiment un cadeau que vous vous faites. Écoutez tous ces merveilleux conseils que vous vous donnez à vous-même, en utilisant les autres comme miroir. Lorsque que vous pensez « Oh, elle ferait mieux de lui dire la vérité » Très bien, qu'est-ce que vous, vous ne dites pas ? A qui devriez-vous dire la vérité ?
Si vous estimez que cette personne devrait faire plus de sport, comme vous, par exemple, qu'est-ce que vous vous dites à vous-même ? En faites-vous trop ? En faites-vous réellement autant que vous le souhaitez ?

Vous pouvez vraiment apprendre à vous connaître en écoutant ce que vous dites aux autres.

Exercice révélateur de vous-même.
Récemment vous avez donné un conseil à quelqu'un, ou bien vous avez pensé que cette personne devrait ou ferait mieux de …
Notez-le.
Comment ce conseil s'adresse-t-il à vous-même ?

Vous parlez toujours pour vous. Parfois c'est applicable aux autres aussi. Bien sûr ! Mais c'est toujours applicable à vous.
De temps en temps, vous haussez le ton. Alors là, faites très attention. Enregistrez-vous. Ce que vous voulez absolument que l'autre entende, c'est ce que vous, vous voulez précisément vous dire à vous-même.

> *« J'en ai marre. Tu m'empêches de vivre. A cause de toi je ne fais pas ce que je veux. »*
> *Voici une proposition d'interprétation : « J'en ai marre. Je m'empêche de vivre. Je n'ai pas le courage de faire ce que je veux. Je ne fais rien pour changer les choses. »*

Si vous en arrivez aux cris, c'est que vous êtes vraiment désespéré pour vous entendre. Ecoutez-vous donc. Vos paroles sont pleines de sagesse et sont les réponses parfaites à votre problème ou votre questionnement.
A chaque fois que vous criez, vous vous suppliez de vous écouter. Criez-vous que vous en avez assez ?
Comment voulez-vous que l'autre soit ? Êtes-vous comme vous le souhaitez ?
Lorsque ce sera réglé en vous, cela ne vous dérangera plus chez l'autre ou bien vous serez capable de changer la situation.

Exercice pour savoir ce que vous voulez vraiment.
- Ecrivez ce que vous voudriez que l'autre comprenne sur une feuille. Commencer par écrire son nom.
- Puis barrez son nom et écrivez le vôtre.
- Barrez les « tu » ou les « il » et remplacez les par des « je ».
- Relisez votre texte.

Beaucoup trop de gens s'adonnent à la critique comme passe-temps ou comme un droit acquis. Certes, Ils se parlent et se

répètent continuellement ce qu'ils ont besoin d'entendre et de changer dans leur propre vie. Ils polluent ouvertement leur corps mais aussi l'air qu'ils respirent et le partagent avec tout le monde. Mais posez-vous une question : comment réagissez-vous devant la critique ?
Imaginez que quelqu'un critique tout ce que vous faites, est-ce que cela vous donne envie de l'aider ? De vous améliorer ? Vous encourage à être heureux ?
Des milliers de personne en France critiquent sauvagement le président de tous les français. Peu importe sa politique, quoi qu'il fasse il est désapprouvé. Que feriez-vous à sa place ? Auriez-vous envie de vous battre pour le bien-être de vos détracteurs ?
Beaucoup trop de gens reprochent leur condition à quelqu'un d'autre. Premièrement cela ne les aide pas du tout, puisqu'ils s'enfoncent davantage dans le puits sans fond de la victimite.
Ils contribuent eux-mêmes à détruire leur santé physique, morale et sociale.
Ils collaborent à la misère et aux guerres ainsi qu'à la propagation de la haine et de la violence grâce à la force de leurs pensées récurrentes.
Ils s'assurent que les personnes qu'ils critiquent soient submergées de pensées négatives.
Quelqu'un de malheureux ne sème pas la joie. Cultivez la calomnie et vous récolterez le désespoir.
Plantez une graine de tolérance et vous moissonnerez la bienveillance.
Considérez la portée de vos actes.

Comment s'en sortir ?

C'est simple, si une personne du type victime vous incommode avec son négativisme, vous pouvez peut-être voir que vous êtes vous-même négatif parfois.

Si vous sentez que c'est injuste, que vous n'arrivez pas à trouver de solution, que vous n'y pouvez rien, que ça vous énerve, c'est que vous êtes dans le schéma de victime.

> *Une dame vient me voir en soin car elle a des difficultés relationnelles avec sa chef au travail. Passé l'étonnement que c'est sur elle et non sur sa collègue que nous travaillons, elle prend conscience qu'elle interprète émotionnellement ses paroles et ses gestes. Pendant que je la soigne je lui explique l'effet miroir. Elle se sent agressée et dévalorisée, parce qu'elle-même est en colère et a peu d'estime d'elle-même. Suite au premier soin, elle retourne au travail plus légère. Elle a eu besoin de plusieurs séances pour accepter de pardonner sa propre mère ainsi qu'elle-même. Maintenant, elle est en bon terme avec sa chef.*

Si une victime vous insupporte, c'est que vous avez allègrement plongé dans le bassin de la victimite qui s'est présenté à vous.
Une personne type sauveur a le culot de vous conseiller à propos de quelque chose de personnel sans que vous lui ayez demandé. Par exemple, il ose vous expliquer comment élever vos enfants, comment préparer votre spécialité culinaire, comment vous habiller ou faire votre travail. Vous trouvez cela inadmissible, un manque de respect et de savoir vivre. Ce geste, cette parole vous a touché, vous a déplu, vous a mis en colère, alors allez voir pourquoi.
Quel point sensible a-t-il touché?
Qu'importe qu'il l'ait fait exprès ou non, c'est de vous qu'il s'agit. Lui, oubliez le, de toute façon, il parle pour lui, vous vous souvenez. Qu'est-ce que cela a réveillé en vous ?
Voici quelques suggestions :

- Vous n'avez pas confiance en votre capacité à être un parent à la hauteur,
- Vous avez un besoin de reconnaissance ou d'amour qui n'est pas comblé,
- Vous vous sentez inférieur, incomplet ou idiot.

Quoi qu'il en soit, vous pouvez profiter d'un état négatif pour le positiver en reconnaissant que vous avez une sensibilité particulière sur un thème précis.

Vous noterez qu'à chaque fois que vous vous retrouvez dans une situation similaire, il s'agit toujours d'un mot, d'un geste ou d'une situation qui ravive ce mal-être, cet inconfort ressenti en vous.
Ce ne sont donc plus les bourreaux de service qui vous font du mal, mais bien quelque chose en vous qui vous dit que vous avez une blessure.

Je ne parle pas de violence, dans ce cas vous n'avez qu'une chose à faire, partir.
Changer est une démarche personnelle. Vous ne changez personne. L'autre peut accepter de changer s'il le veut et quand il est prêt, pas avant.

En résumé, lorsque quelqu'un vous dit quelque chose qu'il ne devrait pas, rappelez-vous : il parle pour lui.
Lorsque vous parlez, écoutez-vous. Vous parlez pour vous. Les conseils sont en réalité pour vous. Les reproches aussi.
Ne remettez pas toute votre en vie en question pour un mot qui ne vous était pas vraiment destiné. Même si l'autre vous regardait dans les yeux et a commencé sa phrase avec votre prénom, il se parlait à lui-même, pensez-y.

> *Une collègue me racontait que beaucoup de ses patientes avaient des problèmes féminins. Elle leur conseillait souvent d'aller voir un gynécologue. Puis, elle s'est retrouvée très anémiée. Elle était obligée de voir qu'elle avait elle aussi des problèmes de cet ordre puisqu'elle avait des menstruations hémorragiques sévères depuis des années. Elle s'était fait plusieurs soins à ce sujet mais elle n'avait pas persévéré et s'était habituée à vivre dans ces conditions. Pour sortir de cette anémie au plus vite, la meilleure solution était la pose d'un*

stérilet qui interrompt le cycle. Si elle avait écouté ses propres conseils plus tôt, elle se serait évité bien des désagréments.

Portez votre attention sur ce qu'il y a de beau, de bien et de bon dans votre vie. Recherchez davantage les qualités des gens plutôt que leurs défauts. C'est beaucoup plus valorisant pour vous.

Par où commencer ?

Lorsque quelqu'un vous fait vous sentir mal à l'aise, vous agace, vous met en colère, vous révolte, vous gêne, vous entrez dans l'état de victime.

Vous êtes tombé dans le puits de la trinité de l'enfer.

A cet endroit vous pouvez devenir un sauveur incompris qui se sacrifie et sait mieux que les autres sans jamais recevoir assez de reconnaissance. Ou bien vous prenez l'habit de la victime. Vous pensez ne pas être aimé, reconnu ou soutenu et vous vous sentez seul.

Vous avez le sentiment de ne pas valoir votre pesant d'or, d'être sans ressources, de manquer d'argent, de temps, de force, d'intelligence, etc.

Vous accusez un responsable de votre malheur. Vous vous blâmez vous-même, le gouvernement, le patron, les parents, les gens, etc.

Souvent, vous gâchez la vie de tout votre entourage par votre négativité, sans même vous en rendre compte, parfois vous devenez agressif, voire méchant.

Ce jeu, ce cercle infernal, s'appelle la trinité de l'enfer car quand on y met un pied, on est happé vers de plus en plus de noirceur. Certains l'appellent aussi déprime, ego ou victimite.

La vie et les relations humaines sont de plus en plus difficiles. Vous vous engouffrez dans des systèmes de pensées tellement négatifs que vous n'imaginez même plus que le ciel puisse être bleu au-dessus des nuages et que demain le soleil se lèvera sur un autre jour, vous donnant la possibilité de voir votre vie sous une lumière nouvelle.

Comme à tous les êtres humains, ça vous arrive à vous aussi d'aller surfer sur les épines ardentes de la trinité de l'enfer.
Dès que vous reconnaissez avoir sombré dans cet état collectif, admis et reconnu comme une réalité partagée, sortez-en.
La première étape est de reconnaître que vous avez « attrapé » la victimite.
Quelque chose ne va pas.

La deuxième est de vouloir en sortir.
Dites « STOP » à toutes les pensées négatives qui vous assaillent ainsi qu'aux pensées en boucles.
Dites « STOP » autant de fois que nécessaire.
Aidez-vous de l'effet miroir pour comprendre. Prenez une chose à la fois.
Qu'est-ce que cette personne vous a dit ou fait qui vous cause du mal ?
Allez à l'essentiel, trouvez le mot, le geste exact, celui qui vous a embêté.
Que lui reprochez-vous vraiment ? Notez-le.
Objectivement, comment pouvez-vous retourner cela vers vous-même ?
Vous aussi vous faites ou avez fait pareil. Ce n'est pas si grave.

> *Définition du mot égoïste : quelqu'un qui ne s'occupe pas de MOI en premier.*

Demandez de l'aide aux anges ou à votre divinité préférée.
Utilisez des affirmations positives.
Refusez de vous projeter dans le futur ou de flâner dans le passé.
Hier vous étiez en colère et c'était juste, aujourd'hui c'est fini.
Vous êtes aimé, vous l'acceptez. Vous êtes accompagné, vous le

voyez. Tout va s'arranger, c'est un fait.
Vous retrouvez votre foi. Vous sentez en vous cette lumière d'espoir, de confiance absolue où tout est possible.
Souriez-vous, riez de votre orgueil ou de la puissance dévastatrice de votre ego.
Enlevez-lui tout son pouvoir et reprenez le vôtre en ne vous prenant pas trop au sérieux.
Pensez à la personne (votre bourreau), dites à haute voix : « Je te souhaite le bonheur ».
Cette étape est vraiment importante et doit être sincère « Je te souhaite le bonheur. »

Troisièmement : restez vigilant.
Si vous avez habité le puits sans fond de la déprime pendant plusieurs mois, voire plusieurs années, vous vous y êtes habitué. Vous êtes tenté d'y replonger. Qu'importe ! A chaque fois que vous l'identifierez à nouveau, vous noterez la porte que la victimite a empruntée.
De cette façon, vous la verrez venir la prochaine fois. Vous ne retomberez plus pour la même chose. Petit à petit, vous faites le tour de toutes vos facettes de victime.

Quatrièmement, trouvez de l'aide. Consultez un guérisiologue. Utilisez des techniques de soins proposées dans cet ouvrage ou que vous connaissez déjà et pratiquez-les avec assiduité. Apprenez une technique d'auto-guérison et utilisez-là.

Si votre vie est difficile, si tout ne coule pas de source, il y a de grandes chances pour que vous soyez victime, remédiez-y !

Sortir de l'obscurité est un plaisir au-delà des mots. La vie reprend des couleurs. Les gens vous sourient. Les choses s'arrangent simplement, d'elles-mêmes. L'univers entier travaille avec vous pour votre bonheur.

Hors du puits de la trinité de l'enfer, il fait doux vivre, vous êtes soutenu et aimé.
Alors, sortez-en de suite.
Faites l'expérience de l'abondance et de la joie.

Une collègue auto-entrepreneur, donc sans fiche de salaire, gagnait un petit revenu qui suffisait à ses besoins. Elle n'a plus de famille et vit seule. Elle voulait déménager dans une maison plus grande, sans passer par les agences puisqu'elle ne pouvait pas justifier de moyens suffisants. Elle visite une maison qui lui convient. Elle explique son cas au propriétaire en lui annonçant qu'elle souhaitait dédier une pièce de la maison à son activité de guérisiologue. Quelques jours plus tard il l'appelle et lui annonce qu'il l'avait vue dans le journal. En effet sa photo avait été retenue pour illustrer un article sur le bien-être. Elle pouvait emménager quand elle le souhaitait sans aucune référence, garantie, ni aval.

La vie peut vraiment être vécue dans la simplicité et la joie, tout dépend de votre état d'esprit.

Le mérite

Le mérite est une illusion de l'esprit. Tant que vous pensez devoir mériter quelque chose vous êtes esclave de la récompense. Tout dans la société est orienté vers cette notion et pourtant rien ne la respecte. De longues études ne garantissent pas un travail épanouissant. Etre honnête ne protège pas contre le vol.

Le mérite sépare des autres, mesure, compare et exclut.

Vous êtes profondément bon. Votre vie peut être simple et facile. Tout se complique lorsque vous mesurez. Vous vous comparez aux autres ou à vous-même dans le passé. C'est toujours un acte de séparation. Lorsque vous pensez que vous êtes mieux ou moins bien, vous vous mettez à l'écart. Vous brisez le flux de vie.

Imaginez que vous considériez votre main droite comme étant plus importante que votre main gauche ; en conséquence, vous vous coupez la main gauche car elle ne serait pas aussi utile. Absurde.

Il en va de même dans la société. Comparer les gens, les cataloguer sur une échelle de mesure tout à fait aléatoire et arbitraire, donne un résultat on ne peut plus catastrophique. Cette illusion du mérite, créée par le « mal » en personne, donne naissance aux guerres, à la discrimination, à la violence, à l'esclavagisme moderne, etc.

Pareillement, personne ne mérite de perdre un être cher. Pourtant tout le monde meurt. Donc, plus vous avancez en âge et plus vous êtes susceptible d'enterrer votre entourage. Personne ne mérite de souffrir. Vous ne souffrez pas parce que vous le méritez, vous avez mal pour d'autres raisons.

Tout sur Terre a un début et une fin. La planète elle-même est née et mourra. Chaque pierre, chaque océan, chaque brin d'herbe cessera un jour de vivre. Vous êtes né, donc vous mourrez. Vous pouvez prolonger et améliorer vos conditions de vie mais un jour, elle s'arrêtera. Sur terre, tout est éphémère. Rien ne dure pour l'éternité. Le corps n'est pas conçu pour survivre plus longtemps qu'il ne le fait. Que ce soit une minute ou cent vingt ans, c'est ce que vous êtes venu vivre.

La seule chose que vous emmenez dans la vie après celle-ci, c'est l'amour que vous avez généré et celui que vous avez reçu. Tout le reste est périssable. Seul l'amour est immortel. Même les rancunes tenaces, les haines et les culpabilités sont temporaires. Lorsque vous sortez de votre corps éteint, vous avez l'opportunité de regarder votre vie sous un angle bien différent. Vous vous déplacez dans le temps et dans l'espace. Ainsi vous comprenez les raisons de chaque chose. Le pardon autorise l'amour à prendre le dessus et vous redevenez vous-même, un être de lumière.

Le mérite est probablement un des aspects les plus insidieux de la société actuelle.
Certaines personnes pensent qu'elles ne peuvent pas profiter pleinement du bonheur ou des atouts qu'elles possèdent car elles n'ont pas subi les épreuves nécessaires pour mériter ce qu'elles ont déjà.

J'ai accompagné une dame pour qu'elle accepte d'être heureuse. Elle avait tout ce qu'elle désirait depuis toujours : un homme bon et attentionné, un travail épanouissant et bien payé, une famille proche

et aimante. Le rêve pour la plupart des gens. Or, plus elle était comblée et plus elle déprimait. Elle n'avait rien fait pour mériter cela. Elle s'imaginait voler la vie, elle se prenait pour une usurpatrice et une fraudeuse.
Après un travail en profondeur sur la valorisation, elle a enfin accepté ce qu'elle avait déjà.

Beaucoup se contraignent à endurer des malheurs, des adversités pour mériter le droit d'être ou d'avoir ce qui leur revient de droit, puisque c'est là.
Essayez pendant une minute de considérer votre existence sans le concept du mérite. Le principe de la dévalorisation disparaît. Chacun respecte l'autre dans sa différence. Tous trouvent naturellement leur place dans la société.
Dès l'école primaire, des notes sont imposées pour mesurer les enfants. Ceux qui réussissent adoptent l'idée de devoir toujours rester au top. La majorité des « moyens » se casent eux-mêmes dans la « classe moyenne », avec peu de possibilité d'en sortir. Ceux qui sont ou se considèrent moins bons, face au curriculum scolaire, se dévalorisent ouvertement.
Heureusement, certaines personnes se libèrent du carcan et deviennent libres d'être elles-mêmes.

Poème éternel de Khalil Gibran.
Vos enfants ne sont pas vos enfants. Ils sont les fils et les filles de l'appel de la Vie à elle-même. Ils viennent à travers vous mais non de vous. Et bien qu'ils soient avec vous, ils ne vous appartiennent pas.
Vous pouvez leur donner votre amour mais non point vos pensées. Car ils ont leurs propres pensées. Vous pouvez accueillir leurs corps mais pas leurs âmes. Car leurs âmes habitent la maison de demain, que vous ne pouvez visiter, pas même dans vos rêves. Vous pouvez vous efforcer d'être comme eux, mais ne tentez pas de les faire comme vous. Car la vie ne va pas en arrière, ni ne s'attarde avec hier.

Vous êtes les arcs par qui vos enfants, comme des flèches vivantes, sont projetés.
L'Archer voit le but sur le chemin de l'infini, et Il vous tend de Sa puissance pour que Ses flèches puissent voler vite et loin. Que votre tension par la main de l'Archer soit pour la joie, car de même qu'Il aime la flèche qui vole, Il aime l'Arc qui est stable.

La comparaison

Le mérite rime avec comparaison et mesure. Or toute forme de comparaison est ignoble et raisonnablement inconcevable. Chaque personne étant unique, il n'existe pas d'échelle de mesure factuelle ou sensée.
C'est l'ère de la standardisation où tout et tous doivent se ressembler comme des moutons. L'avantage de la standardisation c'est que les réparations sont plus faciles à gérer. Pour ce qui est des gens, ils sont plus faciles à gérer également.
Les médias annoncent ce qui est à penser, de quoi avoir peur et cela en abondance.

Si vous étiez tous « égaux », si vous mesuriez tous un mètre soixante-dix, pesiez soixante-cinq kilogrammes, ayez la même tessiture de voix, le même regard, les mêmes envies, les mêmes qualités, défauts et talents, vous ne pourriez toujours pas vous comparer.
L'aberration de la comparaison est incontournable dès que vous vous arrêtez trente secondes pour y penser.
Vous pouvez chercher à départager deux personnes pour un poste de travail, définir laquelle serait la plus adéquate, posséderait les qualités requises pour accomplir cette tâche.
Vous pouvez vous amuser à comparer deux amis, celui-ci est plus attentif, cet autre est plus joyeux. Ils sont tous les deux des amis et c'est cela qui compte.

Le pire est sans doute l'auto-comparaison avec le passé. Souvent, la capacité d'auto-dévalorisation minimise les améliorations pour se concentrer sur ce que vous jugez être moins bien. Vous étiez plus mince, plus beau, plus audacieux. Maintenant, vous avez davantage d'expérience, d'amour, de sagesse.

Exercices pour conscientiser la comparaison.
1 Quel genre de phrase employez-vous le plus souvent ? :
- C'était mieux avant. Ah de mon temps…
- Ce sera mieux plus tard. Lorsque j'aurai…
- Tout va bien. Aujourd'hui,…
- Je suis plus… J'ai davantage… Moi je…
- Je suis moins… Je manque… Les autres…
- Je suis bien. J'ai tout… J'aime…

2 Faites une introspection sincère et décidez du chemin que vous souhaitez suivre désormais.

Les enfants veulent une chose : grandir. C'est-à-dire vieillir. Puis avec les années ils rejettent l'évidence, le vieillissement. Lorsque vous vous dressez contre les cycles naturels de la vie, vous ne vivez pas pleinement.
Si vous avez de la chance vous deviendrez vieux. Vous profiterez des aspects de l'âge bien mûr. Vous n'aurez plus à vous battre pour que l'on vous trouve intéressant. Tout le monde saura en vous voyant que vous avez vécu. Beaucoup s'approcheront de vous pour profiter de votre sagesse et de votre savoir. Vous aurez toujours une vie amoureuse, des amis et des goûts bien à vous.
La santé n'étant pas du tout réservée à un certain âge, vous pouvez toujours en jouir. La possibilité de la mort étant généralement acceptée comme étant plus proche, vous pouvez vous centrer sur ce qui est réellement important.
Les cheveux blancs, symbole de sagesse, couronnent les têtes des gardiens de la civilisation. Vous serez un ancien aussi aimé et

vivant que vous l'étiez en le devenant. C'est un privilège que vous ambitionnez tous. Malgré les efforts inimaginables que certains déploient pour le cacher.
Se comparer avec les autres est logique seulement si tous les paramètres sont égaux et pour une donnée bien précise.
Comment pouvez-vous juger que vous avez mieux réussi qu'Untel ? Sur quels paramètres vous basez-vous ? La reconnaissance sociale ? Les enfants ? L'argent ? L'amour ? Les voyages ? Etre soi-même ?
C'est bien subjectif.

Exercice pour définir la réussite.
- Réfléchissez puis écrivez ce qu'est la réussite : personnelle, sociale, etc.
- Vivez-vous la réussite ?
- Sont-ils en comparaison avec autrui ou avec vous-même ?
- Vos critères vous rendent-ils heureux ? Sont-ils positifs?
Profitez de ces questions pour vous remettre sainement en questions ?

L'estime et le respect

Si vous arrivez à mettre tout un groupe de gens dans le même lot, approchez-vous d'eux, vous découvrirez des trésors. Chaque personne est un univers. Elle regorge de qualités personnelles. Au lieu de cataloguer des personnes et de les ranger soigneusement dans des casiers mentaux, allez plutôt les rencontrer. Offrez-vous le luxe de rejoindre ce qui est autre que vous. Voyager forme la jeunesse à tout âge. Voyagez de personne en personne, visitez les nombreux sites d'intérêts que chacun d'entre eux recèle. Vous cesserez peut-être de comparer pour apprécier ce qui vous est proposé.

> *Les associations « Sel » sont une magnifique intégration de ce principe.*
> *Il s'agit d'un système d'échange de services. Chaque adhérent met à disposition d'autrui ses compétences sans échelle de valeur. Une heure, pour une heure. Le système ne fonctionne pas sur la réciprocité. Vous avez reçu l'aide dont vous aviez besoin pendant une heure, à votre tour vous partagez vos compétences pendant une heure avec une personne qui en a besoin, l'entraide circule.*

Vous avez vous aussi plein de qualités à partager avec les autres. Plus vous acceptez de voir à quel point vous êtes fortuné et brillant plus vous notez la richesse et la beauté d'autrui, sans appliquer d'échelle de valeur. Il n'y a pas une fleur plus belle qu'une autre. Vous en préférez l'une à l'autre. Ne vous interdisez pas l'accès à son potentiel caché en la jugeant sans intérêt. Vos goûts évoluent et vous avez le droit de changer d'avis.

Lorsque vous calculez combien d'argent vous allez gagner ou économiser, vous positionnez l'argent au centre de votre vie et vous survolez aveuglément tous les cadeaux qui s'offrent à vous. Il en va de même lorsque vous courez tout le temps, vous ne vous arrêtez pas pour sentir les roses.

Elargissez le spectre des possibles simplement en étant ouvert à ce qui vous entoure. Regardez, sentez, écoutez, touchez, savourez et vous percevrez des choses insoupçonnées.
A chaque fois que vous vous mettez des œillères au nom de « Je veux ceci ou cela maintenant », vous passez à côté des possibilités infinies de l'avoir facilement, parfois d'avoir beaucoup mieux !

Vous êtes nés, vous mourrez, vous vivez de votre mieux entre les deux. Faites que cet entre-deux sur terre soit mémorable.

Osez vous montrer sous votre vrai jour. Soyez vous-même. Les moutons ne sont pas bousculés, mais ils vont tous à l'abattoir sans avoir vu le monde.

Il y a des centaines ou des milliers d'êtres qui vous aiment. Vous en aimez autant ou plus.
Peut-être que tout le reste est vanité car l'amour n'est pas mesurable, il ne se mérite pas, il ne se compare pas, il est.

Les oracles

Il y a de nombreuses méthodes pour vous rassurer, pour adoucir votre quotidien, vous aider dans vos choix et vos questionnements.
Ces outils vous aident à vivre plus sereinement. Vous êtes plus heureux et votre vie est plus agréable.
Idéalement, dans un monde parfait, vous acceptez de vivre tout ce que la vie vous offre et c'est merveilleux. Dans la pratique toutes les aides possibles sont les bienvenues.
Certaines techniques vous permettent de guérir le corps et l'esprit, parfois même de changer votre réalité.
Toutes les techniques marchent, certaines sont plus adaptées à vos prédispositions que d'autres. Testez les toutes, si vous voulez. Laissez-vous guider par votre intuition, oubliez vos préjugés pour un moment et trouvez une méthode qui vous accompagne vers vous-même. Vous pouvez en utiliser plusieurs simultanément.

Vous n'avez pas besoin d'avoir un don particulier pour utiliser un oracle. C'est un outil qui vous permet de soulager vos pensées sur l'avenir, le présent et le passé.
L'oracle est très ancien. Il est utilisé dans toutes les cultures.
Il vous permet d'apaiser le mental. Lorsque vous êtes serein, vous êtes vous-même.

Il y a deux sortes d'oracles. Il y a d'abord ceux qui sont destinés uniquement à la divination. Vous les trouverez attirants mais incomplets. Ils utilisent expressément le mental. Or vous avez également des émotions et des sentiments.

Vous vous retrouverez, sur du long terme, beaucoup plus à l'aise, avec un oracle propice au développement personnel également.
Il y en existe des rayons entiers dans toutes les bonnes librairies ésotériques et même dans les supermarchés.
Il y a les cartes (anges, fées, couleurs, fleurs, tarots, animaux, etc), les runes, les oghams, le Yi- King, et bien d'autres.
Pour choisir, l'idéal est de trouver une librairie au rayon ésotérique bien achalandé en oracle. Positionnez-vous devant eux. Centrez-vous et laissez-vous guider par votre intuition.
Prenez celui qui vous attire. Ils sont tous accompagnés d'un livret explicatif. Vous ferez une belle expérience.
Vous n'avez pas besoin d'avoir un don particulier pour utiliser un oracle. C'est très simple. Il vous suffit de savoir lire.
Utilisez votre oracle régulièrement. Plus vous serez « ami » avec lui et plus vous apprendrez intuitivement à vous en servir en toutes circonstances.
C'est une merveilleuse aventure.
Maintenant, lorsque votre mental vous tiraille, sortez votre oracle.
Allumez une bougie.
Respirez, soyez le plus serein possible et utilisez-le.
Vous pouvez vous faire un tirage tous les matins. Un conseil pour la journée par exemple.
Un tirage le soir, pour vous aider à voir et à remercier pour les cadeaux reçus dans la journée.
Vous vous inquiétez, faites-vous un tirage.
Simplifiez-vous la vie !

Une dame me racontait que depuis qu'elle utilise son oracle, des cartes des anges, elle souriait davantage. Son oracle ne lui apporte pas de réponses selon elle, mais les illustrations sont si belles et les messages sont tellement gentils qu'elle attend ce moment de plaisir matinal, qu'elle s'offre avant de partir au travail. Parfois, elle se remémore le message pendant la journée et elle se sourit. Elle a noté une nette amélioration de son quotidien.

Vous lisez ce livre, donc vous êtes tout à fait capable d'utiliser un oracle. Osez.

La peur

Le danger est réel. La peur ne l'est pas. Elle anticipe un péril qui n'est pas présent. Elle est toujours une projection noire du futur. Cette appréhension, ce stress, cette inquiétude d'un avenir non agréable ou terrifiant est un sombre déroulement possible, il est rarement une prédiction.

Ainsi la peur est uniquement un procédé mental. Elle est puissante car elle fait croire qu'elle est certaine et vraie. Parfois elle prend des proportions tout à fait extraordinaires. Elle peut vous rendre malade et même vous tuer.

Néanmoins, la peur est inhérente à l'humain. Elle fait partie de l'instinct de survie. Elle est transmise et inculquée par les parents et la communauté. Grâce à elle, se vit l'expérience commune partagée depuis des siècles. La peur est garante de la vie. Elle freine devant un danger. Parce que vous avez peur de tomber vous regardez où vous mettez les pieds et ne marchez pas trop près d'un précipice.

Il y a d'autres types de peur. Les peurs paralysantes qui empêchent d'accomplir des actions toutes simples : téléphoner à un service d'état, écrire une lettre de réclamation, dire oui, dire non, plonger dans la piscine. Souvent vous les avez identifiées, vous essayez de les dépasser, elles reviennent.

> *Une de mes patientes ne peut pas répondre au téléphone. La sonnerie la stresse tellement qu'elle se paralyse totalement. Elle se sent agressée et envahie dans son intimité.*

Elles sont le résultat d'un blocage émotionnel. Il y a de nombreuses techniques pour les libérer.
La plus rapide et efficace est d'être dans le présent, ici et maintenant, à l'écoute de son corps, bienveillant à l'égard d'autrui et confiant.

Exercice pour se libérer des peurs. (Changez l'exemple par une de vos peurs) - Identifiez la peur (ex : peur d'appeler quelqu'un qui représente l'autorité) - Voyez comme cette peur vous dessert depuis des années. - Fermez les yeux, détendez totalement votre corps, prenez votre temps, calmez votre mental en ne vous accrochant pas aux idées qui passent, puis laissez-vous remonter au moment du blocage. - Revivez la scène. Où étiez-vous ? Comment étiez-vous habillé ? Réunissez le plus de détails possibles. - Puis, décidez d'un scénario sympathique. Exemple : vous alliez téléphoner à X et Y, figure d'autorité, vous a arraché le combiné des mains. Proposition d'un nouveau scénario : Y vous tend le téléphone en souriant pour que vous puissiez appeler X. - Posez une main à l'arrière de votre tête, au-dessus de la nuque et une autre sur la longueur de votre front. - Visualisez le nouveau scénario avec beaucoup de détails, de couleurs, l'ambiance, etc. - Reprenez une position confortable, visualisez-vous téléphonant à quelqu'un que vous considérez supérieur à vous. Si vous êtes détendu, c'est terminé, sinon recommencez avec un scénario encore plus positif et gentil.

Le mot peur fait peur. Souvent, lorsque vous demandez : « De quoi avez-vous peur ? », la réponse est « Je n'ai peur de rien », accompagnée d'un mouvement de recul.

Une des peurs commune est celle de demander de l'aide. Beaucoup de gens ont peur de laisser croire qu'ils ont des faiblesses, qu'ils ne sont pas parfaits.

> *Un monsieur ne peut pas faire les démarches simples pour se sortir d'un problème (écrire, téléphoner, prendre rendez-vous et y aller). Il laisse toutes les situations s'envenimer et devenir graves.*

Pour certains, verbaliser les peurs à haute voix est comme appeler le « mauvais œil ». Il n'en est rien. Une peur totalement acceptée perd de sa puissance.
Par exemple vous savez que lorsque vous vous retrouvez seul, vous avez peur que l'on vous "attaque". Vous ne vous cachez plus cette peur mais plutôt vous acceptez de l'avoir, de la vivre. De toute façon, elle est là.
L'accepter ne l'enlève pas. Toutefois quand vous vous retrouvez seul, vous ne paniquez plus, vous êtes seulement mal à l'aise.

> *Une dame que j'accompagne depuis un moment, habituée aux techniques, était terrorisée à l'idée qu'un moustique la pique. Elle les entendait voler et était perpétuellement aux aguets. Selon elle, s'il y a un moustique dans la ville il est pour elle et les piqûres lui provoquent des œdèmes.*
> *Je lui propose d'accepter de devenir une énorme boursouflure purulente. Elle accepte. Elle passe par toutes les couleurs, mais après quelques minutes elle se complet dans l'image qu'elle est une grosse boule de pus. Nous en rions de bon cœur.*
> *Maintenant, elle ne voit plus les moustiques. Ils ont disparu. Elle est piquée quelques fois, comme tout le monde, mais elle n'a plus d'œdèmes.*

Un autre exemple : vous avez peur du ridicule. C'est un fait, vous le savez. Alors acceptez d'être ridicule. Acceptez que certaines personnes ne vous estiment pas ou ne vous admirent pas. Vous ne le créez pas, c'est déjà présent chez vous. Vous ne faites que reconnaître ce qui est. En admettant que vous ayez le sentiment d'être ridicule, que parfois vous l'êtes sûrement, vous lui enlevez de la valeur, vous ne focalisez plus dessus, ce n'est pas si important. Il y aura toujours des gens qui vous dédaigneront, mais vous pouvez peut-être en rire.
Il y a forcément quelqu'un sur terre qui vous prend pour un idiot, parfois. Comme vous, vous prenez les autres pour des sots, de temps en temps. Ça n'a pas grand-chose à voir avec l'intelligence, les connaissances ou l'esprit.
Accepter votre peur demande du courage, mais vous en avez. Vous vous imaginez dans la situation (de votre peur), que l'on pense que vous êtes bête par exemple. Continuez jusqu'à ce que vous vous sentiez bien en « bête ». Détendez tout votre corps en pensant à votre peur. Je suis bête et heureux. Relaxez-vous entièrement en acceptant ce que vous croyez et la peur que cela se voit.

Une dame en thérapie doit accepter la peur d'être invisible. Pour elle, ne pas être remarquée, différenciée, observée est totalement insupportable. Soit elle vit dans son univers fantasmagorique et se heurte au manque de réalité partagée, soit elle est consciente de sa « normalité » et vit le martyre. En plus des soins pour « nettoyer » des choses d'origines diverses, elle s'est elle-même conditionnée petit à petit pour accepter de ne plus être le centre d'attention permanent en toute circonstance. A chaque instant, elle se répète « Je suis suffisante telle que je suis » « J'accepte d'être invisible. » Finalement, après quelques séances, elle a vaincu cette peur. Elle n'est certes pas une femme qui passe inaperçue mais elle est heureuse d'être elle-même sans avoir à se mentir.

C’est très efficace. La première tentative est la plus ardue. Ensuite, une fois que vous avez réussi, c’est tellement simple et miraculeux que vous l’utiliserez à chaque fois que cela s’avère nécessaire.
Permettez-vous de vivre votre peur et vous n’en aurez plus peur. Commencez d’abord par l’identifier, acceptez de l’avoir puis vivez-la (exagérément) consciemment.
La première fois vous devrez peut-être le refaire plusieurs fois, par contre dès que vous l’aurez réussi une fois, vous réussirez à lâcher les autres en quelques minutes.
Traitez l’origine de cette peur et elle disparaîtra. Utilisez une des nombreuses techniques proposées dans ce livre ou consultez un professionnel.

Exercice récapitulatif pour lâcher une peur.
- Vous identifiez une peur.
- Vous imaginez le pire scénario.
- Les yeux fermés, vous vivez votre film en détendant tout votre corps. A chaque tension vous décidez de lâcher. Vous pouvez vous aider de la respiration. Jusqu’à ce que vous soyez détendu.

Ses origines, son utilité

Les peurs inculquées par la société sont d’origine religieuse, culturelle ou médiatique.
Elles sont mêlées de superstitions et de vécus. Elles sont psalmodiées et reprises par toute la structure sociale. Elles font vendre, elles parlent. Vous vous identifiez à elles. Elles sont tenues pour vraies et avérées. Elles sont chantées et louées. Il y a des systèmes de croyance autour d’elles, comme la peur du manque ou du changement.

Dans la mythologie biblique, Adam et Eve chassés du paradis ont été privés de ce qu'ils aimaient et connaissaient.
Ce scénario s'est reproduit de nombreuses fois durant les innombrables guerres, invasions et catastrophes naturelles recensées tout au long de l'histoire.
Vous avez lu des livres, regardé des films, écouté des contes et des récits où les personnages perdaient tout.
Puis vous-même l'avez expérimenté, vous avez perdu des choses, des gens, des situations ont changé.
Maintenant la peur de perdre, de manquer est si fortement ancrée que beaucoup vivent avec elle comme l'épée de Damoclès au-dessus de la tête, sans vraiment s'en rendre compte. En considérant cela comme normal, comme un fait établi.

Or le monde est éphémère, cyclique, tout à une fin et est en continuel changement.
Les légendes comme l'histoire racontent les ascensions puis les chutes des empires. La vie et la mort des héros. Vous apprenez à l'école l'évolution, le cycle : des saisons, des cellules, de la vie.
Pourtant, vous rêvez souvent d'éternité statique. A essayer de remonter la rivière à contre-courant vous réussissez.
Ce frein contre l'évolution naturelle, donne le temps à tous d'aller au bout de ses choix de vie. Lorsque suffisamment de personnes sont prêtes à passer à autre chose, le monde change. La réalité bascule.

Cette peur de manquer, même si elle abrite une multitude de conflits, favorise un espace à peu près stable où vous pouvez vous construire.

Parfois quelque chose que vous regardez comme un mal est en fait nécessaire. Toute peur n'est pas négative. Certaines vous freinent suffisamment pour vous permettre d'acquérir des capacités ou des connaissances indispensables à votre aventure individuelle.

Voici une magnifique prière.

« Mon Dieu, donne-moi le courage de changer les choses que je peux changer,
La sérénité d'accepter celles que je ne peux pas changer,
Et la sagesse de distinguer entre les deux. »

Acceptez ce qu'il y a. Ce n'est pas une fatalité. Mais plutôt le début du changement, de la guérison. Vous êtes pour l'instant ce que vous êtes. Vous vivez en ce moment ce que vous vivez. Vous avez ce que vous avez. Une fois ceci établi et autorisé, vous pouvez apercevoir une issue, une évolution.

Lorsque vous niez votre réalité, vous voulez autre chose, tout de suite, n'importe comment. Vous aboutissez dans une impasse.
La vie ce n'est pas être arrivé, c'est le chemin. Lorsque vous avez atteint votre objectif un autre commence. Si vous avez compris et intégré les leçons de votre parcours vous ne reproduisez plus les mêmes schémas. Alors prenez votre temps pour que cela soit la dernière fois !

Regardez-vous. Soyez sincère et honnête. Vous en êtes là, ici et maintenant. Vous revivez toujours la même chose. Tant que vous ne vous arrêtez pas pour le contempler, pour vous autoriser à le vivre encore une fois, vous ne verrez pas positivement, distinctement, les rouages.
Lorsque vous avez identifié votre peur, consentez à la vivre.
Voilà ! Vous avez peur de cela. C'est un fait. Vous battre ou la nier, ne mène à rien, vous le faites depuis des années, voyez où cela vous a conduit.
Accueillez-la. Fermez les yeux et acceptez de la vivre. Ça vous fait peur ? A la bonne heure !

Exercice pour dépasser la peur (d'être rejeté).
Avant de demander ce que vous voulez, asseyez-vous, fermez les yeux, détendez-vous en respirant généreusement puis acceptez d'être rejeté et de vivre mentalement le pire des scénarios possibles.
Relâchez tous les muscles de votre corps, secouez les membres où il y a des tensions. Respirez profondément et accueillez consciemment et volontairement le rejet, jusqu'à ce que vous vous sentiez bien, détendu et libre.

La première fois ce n'est pas si facile, cela peut prendre un peu de temps. Persévérez, car plus vous le pratiquerez et plus ce sera simple, rapide et puissant.
Avec de la pratique, vous n'aurez plus qu'à vous dire « Je suis rejeté » expirer fortement et tout votre corps sera totalement détendu, votre mental au repos, vous serez libre d'entreprendre tout ce que vous souhaitez sans frein.
Utilisez cette technique pour chacune de vos peurs et en toute circonstance.

Vous avez vraiment mis le doigt sur le problème. Respirez, appelez votre courage et acceptez de la vivre, là, maintenant.
Une peur, c'est comme un monstre sous le lit des enfants : dès que vous avez osé regarder ou allumer la lumière elle perd de sa force, de sa consistance. Elle disparaît.

Souvent, vous agissez pour vous sentir en sécurité. Mais vous ne l'êtes jamais, malgré tout ce que vous ajustez pour vous protéger. C'est illusoire. Tant que vous ne regardez pas votre peur en face, tant que vous ne la laissez pas s'exprimer, vous vous niez vous-même. Vous vous confinez dans des protections qui vous isolent, vous cloîtrent. Vous vous enfermez dans des systèmes régis par la peur que vous fuyez. Vous mettez au centre de votre vie ce que vous ne voulez pas, votre peur.

Par exemple, vous avez peur de manquer d'argent et donc de perdre votre confort, alors vous vous privez.
Vous avez peur que votre enfant s'en aille, alors vous l'étouffez.
Vous avez peur de la maladie, alors vous prenez des substances qui nuisent à votre santé.
Vous avez peur d'avoir le cœur brisé, de ne pas être aimé, alors vous n'aimez pas.
Etc.
Si vous acceptez de manquer d'argent, vous entrez dans un cycle d'abondance, où tout va et vient en permanence et vous profitez pleinement de votre vie.
Si vous acceptez de souffrir, vous vivez les périodes de bonheur avec une intensité qui vaut tout l'or du monde.
Les peurs ne sont pas des choses sales à cacher à tout prix. Ce ne sont pas des tabous. Tout le monde a peur de dizaines de choses. C'est naturel. Toutefois ne les laissez pas diriger votre vie. Vous avez peur de prendre l'avion ? Acceptez de mourir et allez-y, faites le tour du monde.
Tout le monde a de nombreuses peurs. Vous n'êtes pas seul à en avoir.
La peur que vous fuyez vous nuit immanquablement. Elle devient la main dans l'ombre qui dirige votre vie.
La peur que vous identifiez et acceptez peut devenir une alliée ou être transformée, enlevée.

> *Un monsieur est venu me voir car il ne réussissait pas à avoir une histoire d'amour stable. Les femmes se succédaient dans sa vie alors qu'il désirait ardemment se marier et fonder une famille.*
> *Il avait peur qu'elles le quittent. Il revivait cette situation depuis près de vingt-cinq ans. Il a fallu qu'il reconnaisse qu'il avait peur d'être délaissé. Nous avons soigné les raisons de cette peur. Mais il a dû accepter consciemment la possibilité que sa nouvelle amie puisse le*

quitter et que malgré tout il s'engage matériellement vis-à-vis d'elle et surtout qu'il lui ouvre son cœur. Cette femme-là l'a quitté, mais la suivante est restée.

Toutes les peurs ne sont pas négatives. Vous avez peur de vous blesser alors vous ne sautez pas d'une falaise, vous mettez des gants pour exécuter des travaux de force, etc.

Les protections

La société privilégie les protections. Vous devez vous protéger de tout. Comme si se protéger était nécessaire, justifié et bon.
Les parents doivent protéger leur bébé, c'est leur première fonction. Il y a des protections utiles, comme un manteau en hiver ou un toit.
Néanmoins la plupart des protections sont des prisons. Certains érigent des murs autour de leurs propriétés pour se protéger des éventuels voleurs. En fait, ils se gâchent la vue et indiquent aux cambrioleurs qu'ici il y a quelque chose à voler, au sens propre comme au sens figuré.
Si vous avez élu la douleur comme ennemi public numéro un. Pour vous en défendre vous n'aimez plus, vous n'exprimez pas vos sentiments, vous ne vous autorisez pas à être vous-même. Vous mettez des barrières physiques ou psychologiques entre vous et les autres. Or lorsque vous érigez un beau rempart en l'honneur et à la gloire de votre peur, elle devient encore plus présente, plus réelle.

Porter un casque et une combinaison spéciale pour faire de la moto ou travailler sur un chantier, c'est intelligent. Aller dîner en ville ou dormir dans cet accoutrement est insensé et extrêmement inconfortable.

Vous protéger lorsque cela est nécessaire c'est bien. Vous protéger de tout et laisser vos peurs vous guider est aberrant.
Il y a un juste équilibre. Au lieu de prier pour être protégé, demandez plutôt à avoir la capacité de vivre au mieux tout ce que la vie vous présente.
Penser que tout est la faute des autres et que les étrangers sont peu fiables ne vous rend pas heureux.
Bien sûr si vous ouvrez votre porte et votre cœur parfois il arrivera que vous soyez déçu, c'est évident. Mais au moins, vous ne serez pas passé à côté de votre vie.

Lorsque vous vous calfeutrez derrière des récriminations, des reproches et des critiques, vous ne vous autorisez plus les privilèges de la vie. Vous vous séparez des autres volontairement pour ensuite vous plaindre d'être seul.

La plupart d'entre vous sont des personnes honnêtes. Le pourcentage de voleurs et d'escrocs est minime. Il y en a, c'est un fait, mais si peu. La majorité des gens sont essentiellement bons. Or vous dépensez une énergie considérable à vous protéger (vainement) d'une infime minorité.

> *Lors d'un atelier en plein air, nous étions visités par de petits insectes volants.*
> *Une des dames a commencé à se débattre, les autres ont suivi. Elles donnaient des grands coups dans l'air en s'énervant de plus en plus. J'avais devant mes yeux un groupe de victimes affolées. Alors, je leur ai suggéré d'accepter de se faire piquer. Une à une, elles ont commencé à se calmer.*
> *A la fin de l'atelier, l'une d'elles a remarqué qu'elles n'avaient pas été piquées du tout. Les autres ont également exploré leurs bras et leurs chevilles, pour admettre qu'elles non plus n'avaient ni rougeurs ni piqûres.*

La peur n'est pas votre ennemi. La façon dont vous réagissez devant elle définit votre vie.

> *- « Pouvez-vous me garantir que jamais il ne m'arrivera rien de mal en vivant intensément toutes les expériences que mon cœur désire suivre ? »*
> *- « Non, bien sûr que non. Par contre, vous vivrez ! »*

Imaginez-vous à l'heure de votre mort. Que pensez-vous pouvoir dire à ce moment-là ?
- « C'est merveilleux, je me suis protégé de tout, il ne m'est rien arrivé de grave, je n'ai pris aucun risque. »
- « C'est merveilleux, j'ai aimé et je me suis amusé plus que je n'ai pleuré. J'ai dépassé mes peurs et j'ai fait presque tout ce que j'avais envie. »

Exercice pour savoir ce que vous voulez vraiment faire de votre vie.
- Ecrivez votre épitaphe idéale.
- Puis voyez ce que vous pouvez faire pour qu'elle se réalise.

Dépasser vos peurs

Ce n'est pas parce que vous avez peur que vous ne pouvez pas faire les choses.
Ne les niez pas, reconnaissez-les. C'est la première chose. Puis trouvez d'autres moyens de parvenir à vos fins.
Par exemple : vous avez peur de tondre la pelouse donc vous n'avez pas de jardin alors que vous adoreriez avoir un petit potager et quelques fleurs. Osez prendre une maison avec un jardin et embauchez quelqu'un pour tondre.

Vous aimez danser mais vous avez peur d'être ridicule sur la piste de danse. Prenez des cours et dansez !
Vous êtes célibataire et secrètement amoureux, vous avez peur d'être rejeté donc vous ne lui avouez pas votre flamme. Demandez à quelqu'un de le faire pour vous. Ecrivez-lui. Consultez pour vous débarrasser de votre retenue excessive ou apprenez à l'aide d'un coach en amour.
Etre rejeté ce n'est pas sympathique mais rester dans l'attente est bien pire car vous gâchez votre vie. Trouvez une solution, vivez. C'est pour cela que vous êtes né, que vous êtes ici, pour vivre, pas pour stagner, immobile devant une peur. La fuite n'est pas un mouvement positif, elle est assimilée à la passivité et à la détresse.

Parfois, vous vous dites que vous n'avez envie de rien. Si c'est le cas de temps en temps, c'est peut-être que vous avez besoin de repos. Par contre si c'est votre lot quotidien, allez donc voir de quoi vous avez peur.
Faites une introspection positive visant à déterminer ce qui vous fige. Les peurs classiques sont les peurs de perdre, de manquer et de ne pas être aimé. Toutefois il y a certainement autant de déclinaisons que d'êtres vivants.

Vous pouvez également transformer le mot peur par : angoisse, crainte, appréhension, inquiétude, anxiété, frayeur, méfiance, etc. Chacun a un ou plusieurs mots de prédilection pour adoucir sa modeste hardiesse ou discrète audace.

Les chanteurs, les comédiens, les orateurs parlent volontiers de leur « trac » avant leur entrée en scène. Heureusement qu'ils ne partent pas en courant lorsque leurs genoux s'entrechoquent et que leur gorge s'assèche. Ils affrontent leur peur et ils s'amusent. Ils vivent pleinement leur moment, leur métier, leur talent.

Exercice pour une introspection positive.
Méditez sur chacune de ces phrases :

- perdre la vie après avoir vécu,
- perdre l'être aimé après l'avoir aimé de tout cœur,
- perdre ses repères pour vivre son aventure personnelle.

Notez vos nouvelles décisions.

Lorsque vous dépassez une peur, vous grandissez. Vous découvrez un bel aspect de vous-même. Vous gagnez en sérénité et en assurance. Vous êtes heureux.
Tandis que les protections inutiles que vous vous infligez vous immobilisent dans une vie médiocre et dépourvue de sens.
Dites les belles choses que vous pensez.
Osez agir selon votre cœur.
Vous avez envie de caresser le mur, faites-le.
Reconnaissez vos sentiments et exprimez-les, surtout quand ils sont plaisants et générateurs de joie.
Vous trouvez que les journées passent vite. Vivez chaque seconde avec tout votre être, intensément. La vie vaut la peine d'être vécue même si elle est clairsemée de pleurs et de douleurs parfois.

> *Un ami m'a dit un jour : « il suffit de changer une seule lettre à douleur pour expérimenter la douceur » (le l devient c).*

Pour une larme, il y a mille sourires.

Le mental

Le mental, adulé par certains, haï par d'autres, est pourtant un outil naturel et inhérent à l'humain.
A l'exception de quelques très rares personnes, tous les talents s'apprennent et se développent. Les athlètes s'entraînent tous les jours physiquement et psychologiquement. Les musiciens s'exercent à leur art pendant des heures.
Votre capacité à apprendre est infinie. Vous apprenez toute votre vie depuis des recettes culinaires jusqu'à l'utilisation des technologies les plus récentes.
Vous utilisez des connaissances intellectuelles pour créer ou réparer.
Vous êtes capable d'imaginer une construction érigée et solide puis de la construire, depuis un concept ou une idée.
Le mental utilisé à la bonne mesure est un outil essentiel au développement. Sans lui, je n'aurais pas écrit ce livre et vous ne seriez pas en train de le lire.
Un auteur inspiré par ses muses ou le divin en personne utilise son intellect pour former des phrases intelligibles, ponctuées selon les règles et conventions, etc.

La société entière est basée sur le mental. C'est cela qui est dommage. L'intellect n'est pas le meilleur chemin, ni le plus court. C'est juste une potentialité. N'utiliser que le mental pour tout, c'est comme n'utiliser qu'un seul de ses sens. Celui qui préfère son ouïe, devrait se percer les yeux, se couper le nez, s'isoler la

peau et manger par intraveineuse. Ce ne serait pas vraiment intelligent.
Pourtant c'est ce que beaucoup font aujourd'hui. Ils sont des millions à reléguer l'intuition, le ressenti et la communication avec la nature au rang des fantaisies. L'imagination est cataloguée de puérile.
D'autres dévalorisent les personnes qui choisissent un chemin de vie qui n'est pas basé sur l'argent et la réussite sociale.
Ceux qui essaient de changer les choses sont facilement dénigrés.
Mais ce n'est pas ceci le vrai problème. Il est que vous n'arrivez plus à arrêter votre cerveau de penser. Il fonctionne en permanence. Il prend toute votre vitalité.
Avez-vous déjà essayé de prendre du recul, de vous écouter penser, sans prendre une part active à ce qui se passe sous vos cheveux ?
Faites-le pendant cinq minutes, une heure ou en continu si vous le pouvez. C'est extraordinaire. Vous avez comme des ondes de radio, des fréquences différentes qui « parlent » en même temps ou qui se répondent.
Bien loin de la schizophrénie ou de la névrose, mais vous avez plusieurs aspects de vous-même qui font la conversation dans votre tête. Ce n'est pas grave en soi, sauf que vous n'avez plus de place pour l'essentiel, vous.
Toutes ces voix vous empêchent de vous écouter vous.
Vous n'êtes jamais en paix, ni dans le silence.
Si au moins ces discours incessants vous aidaient. Mais pas du tout, ils vous font tourner en rond.
Vous ressassez toujours les mêmes mots, les mêmes idées en boucle. Vous n'avancez pas. Par exemple : « Hier soir, je lui ai dit merci en le regardant dans les yeux. Hier soir, je lui ai dit merci en le regardant dans les yeux. Hier soir, ... »

Ces bavardages constants ne vous apportent absolument rien, au contraire, ils détournent votre potentiel énergétique ainsi que votre intelligence. Parfois, ils vous empêchent de dormir, troublent votre digestion, causent des migraines, vous séparent de vos proches.

Là où cela se gâte réellement, c'est qu'une fois totalement débridé, lorsque vous avez presque consciemment cédé les rênes de votre vie à votre mental, il se bat pour rester sur le trône.

Sa tactique est la peur. Le mental vous rappelle continuellement que vous devez craindre ceci ou cela. Il incite à se protéger de tout, à chercher le mal partout, à être suspicieux et surtout il vous fait croire que vous êtes seul, à la merci du reste de l'humanité. Bien sûr, devant tant de danger, chacun à sa manière met en place des stratégies de défense qui valorisent le cher ego, le mental laborieux. Vous lui accordez davantage de confiance et vous perdez la conscience de ce que vous valez réellement.

Vous vous imaginez que vous savez ce que les autres pensent alors que vous savez à peine ce que vous pensez vous-même. Car pour cela vous devez vous écouter et dans le capharnaüm mental, ce n'est pas si facile.

Exercice pour savoir comment vous fonctionnez.

- Dédiez un cahier (ou sur votre ordinateur) et intitulez le : "Votre nom , mode d'emploi", ou bien "Moi, manuel d'utilisateur" ou encore "Votre nom, pour les nuls" (comme la célèbre série de livres).
- Puis listez tous les aspects de vous que vous aimeriez que vos proches comprennent, parce qu'ils ne savent pas d'eux-mêmes comment vous parler, comment agir dans certaine circonstance, etc. Alors, écrivez un guide pratique de vous-même. Amusez-vous et soyez sincère. N'omettez aucun aspect, vous pouvez réserver des pages à l'attention de votre amoureux(se) seulement.

Seul avec vous-même

Premièrement, entendez ce qui se passe dans votre tête. Ne tentez pas de l'arrêter ou de le maîtriser, écoutez seulement. Devenez spectateur de votre activité mentale.

Exercice pour commencer à vous écouter.
- Eteignez volontairement toutes les sources de bruits, la télévision, la radio, le téléphone, l'ordinateur, fermez la fenêtre, isolez-vous et asseyez-vous tranquillement.
Courage, vous pouvez le faire.
- Restez avec vous-même aussi longtemps que vous pouvez le supporter. Puis répétez cet exercice régulièrement jusqu'à ce que vous vous sentiez à l'aise.
Plus cet exercice est difficile pour vous, plus vous avez vraiment besoin de le pratiquer.

Plus vous allez donner d'attention à ce que vous pensez, plus vous allez vous dissocier de votre discours intérieur.
Il vous appartient au même titre que vos oreilles, il ne vous commande pas.
Les propos que vous vous tenez vont probablement vous épouvanter. Certains s'injurient, avec des insultes qu'ils oseraient à peine prononcer.
Vous pouvez vous faire des films invraisemblables, qui pourtant vous paraissent tout à fait plausibles lorsque vous vous associez à eux.
En fait, la plupart d'entre vous ne se posent pas la question, vous vivez dans votre tête. Vous dialoguez avec vos proches, vous faites des projets avec eux, mais sans leur dire, cela reste dans votre tête.

Ensuite, vous êtes malheureux parce qu'ils ne réagissent pas comme vous le souhaitez. Ils devraient déjà savoir quoi faire, sans que vous ayez à leur dire. Seulement, ils ont sûrement déjà discuté de cela avec vous dans leur tête aussi.

Cessez de vous plaindre du manque de communication et parlez avec vos proches. Eteignez la télévision et racontez-vous vos envies.

> *Un de mes élèves me raconte ses vacances avec son épouse. Ils ont laissé leurs enfants aux grands-parents. Il a mentionné à plusieurs reprises que ce voyage les a rapprochés. Ils se sont simplement donné du temps pour écouter les désirs et prendre soin l'un de l'autre.*
> *Ils ont eu besoin de partir au bout du monde pour se retrouver.*
> *Vous, vous pouvez décider de changer légèrement vos habitudes et de discuter avec vos proches. De les écouter réellement et de vous exprimer sincèrement, ici, aujourd'hui.*

Le mental ne peut garder le pouvoir que s'il est seul maître à bord. Pour cela, quoi de mieux que de vous occuper avec des peurs, des angoisses et des inquiétudes. Vous devez vous méfier de cette personne car elle veut prendre votre place ou votre part. Alors, vous inventez un tas de stratagèmes où vous êtes le grand gagnant d'une bataille qui n'existe que dans votre tête. Vous vous êtes éloigné de quelqu'un. Vous vous êtes isolé un peu plus. Vous vous engouffrez davantage dans votre mental.

Ne vous autorisez pas à penser que vous savez ce que les autres pensent ou vont faire. Lorsque ça vous arrive dites-vous « STOP ».

Lorsque vous croyez savoir ce que l'autre va vous répondre, vous dialoguez seul sous votre couvre-chef.

Vous vous parlez tout seul.

Le souci, c'est que vous ne le voyez pas vraiment. Pour vous, ce qui se passe dans votre tête est vrai, alors que ça ne se passe pas avec la personne concernée. Puis cette personne vous déçoit. Elle n'agit pas selon les données de votre mental.

> *Une dame est venue me voir en soin car elle est éperdument amoureuse d'un homme qui ne se décide pas à venir vivre avec elle et ça la rend triste. Après discussion, il s'avère qu'elle ne l'a pas encore officiellement présenté à ses enfants pour ne pas les perturber. Elle me répète qu'elle lui a « dit » qu'elle voulait partager sa vie, qu'elle l'aimait, etc. Lui, selon ses dires, l'aime mais est un peu frileux à l'idée de s'engager. Au cours du soin, je lui soumets l'idée de concrètement faire le premier pas. De lui manifester autrement que par des mots ce qu'elle désire. Elle s'esclaffe alors : « Je ne vais tout de même pas lui donner les clés de chez moi ! »*
> *Cette histoire se finit bien car elle a réussi à entendre qu'elle devait communiquer avec lui en personne et arrêter de l'adorer dans sa tête. Parce que là, lui n'y est pas.*

Lorsque vous vous faites des films, que vous dialoguez avec des représentations mentales de personnes, vous ne vivez pas. Vous tournez en rond car personne ne vous donne une réplique nouvelle. Vous parlez avec vous-même.
Essayez donc de communiquer avec l'extérieur, avec les individus eux-mêmes.

Osez exprimer vos besoins, vos désirs, vos rêves. Ecoutez ce qu'ils ont à dire. Discutez des problèmes, ouvertement, avec les personnes concernées. C'est la seule manière de les résoudre.

Si vous pensez que vous ne pouvez pas parler avec cette personne-là, changez votre manière d'appréhender la situation ou consultez un thérapeute.

Exercices pour communiquer avec vos proches.
1 Il existe des jeux de société qui proposent des questions personnelles. Les questions sont du genre : « Quel est votre film préféré et pourquoi ? ». « Citez trois qualités que vous appréciez chez la personne assise en face de vous». « Racontez un de vos rêves récurrents ».
2 Dites à la personne avec qui vous souhaitez parler « J'ai besoin de toi, s'il te plaît, accorde-moi quelques minutes. »
3 Organisez une soirée discussion. Choisissez un objet, que vous nommez un bâton de parole. Ne peut parler que celui qui le tient en main, les autres doivent l'écouter sans l'interrompre. Proposez un thème et que tour à tour chacun s'exprime librement sur le sujet sans être interrompu.

La solution

Votre mental profite de toutes les opportunités pour vous emmener sur son chemin délirant qui vous conduit droit au malheur.
Lorsque vous autorisez votre verbiage intérieur à fonctionner à plein régime, vous tournez en rond, vous stressez, vous êtes déçu, vous engraissez votre tristesse.

Plus vous permettez à votre mental de faire du bruit, plus vous avez de risques d'avoir des maux de tête et autres inconforts. Vous devenez suspicieux de tout et vous vous adonnez à la peur. Vous doutez et vous êtes catégorique, rigide. Vous savez que vous êtes seul entouré de méchants et vous n'avez pas d'alternatives, votre vie est une suite de fatalités.

Dites « STOP ».

Exercice pour faire taire votre mental.
Lorsque vous commencez à penser en boucle, dites « STOP ».
Encore et encore jusqu'à ce que votre mental soit apprivoisé.
C'est de la faute à, il m'a fait ceci, il a dit cela, « STOP ».
Je ne vais pas y arriver, je n'ai pas de chance, « STOP ».
Je suis trop gros, maigre, grand, petit, bête, intelligent, « STOP ».
Pauvre de moi, c'est dur, je doute, j'ai peur, « STOP »
Il m'énerve, il est trop, il n'est pas assez, il ne devrait pas faire ça, « STOP ».
Etc. « STOP ».

Tolérance zéro pour les cancans mentaux. Pour certains d'entre vous cela peut être malaisé mais pour la plupart, le chemin le plus court vers la paix intérieure, c'est de dire « STOP » à votre mental quand il prend le dessus ou qu'il commence à divaguer.
Favorisez le silence. Ecoutez les gens et les oiseaux. Regardez autour de vous. Prenez le temps de vivre chaque seconde de votre vie. Souriez.
C'est si facile lorsque votre mental ne vous prend pas toute votre attention et votre énergie.
Lorsque vous vous autorisez à penser sans structure et sans but positif vous vous faites du mal. Vous êtes lointain et seul. Vous vous coupez de toute la beauté et l'amour qui vous entoure.
Alors lorsque vous retournez dans tous les sens un problème pendant des heures, des jours, des semaines, dites : « STOP » au plus vite.

Quand vous avez un mot sur la langue qui ne vient pas, passez à autre chose et il vous reviendra au moment le plus inattendu. C'est pareil pour tout. Demandez-vous : « Comment solutionnez ce problème ? » Puis n'y pensez plus, autorisez-vous à profiter de votre vie. La réponse vous viendra elle aussi toute seule, car vous êtes intelligent et vous vous apportez toujours la bonne solution. Cela sans rien perdre et sans faire chauffer les neurones.

Un de mes élèves me raconte sa technique pour savoir ce qu'il pense, avoir un éclairage ou une réponse au sujet d'une situation, il se dit avant d'éteindre la lumière pour dormir : « Demain matin je me réveille avec la réponse à ceci ou cela ». Puis il s'endort, oubliant complètement son questionnement. Immanquablement le matin au réveil ou dans la matinée, il a l'intuition, l'idée, la réflexion qui le dirige vers sa solution.

Vous avez entendu parler de la synchronicité. Vous pensez à quelqu'un et dans les secondes qui suivent il vous téléphone ou vous le rencontrez. Vous désirez une information et il y a une émission sur le sujet à la radio. Vous souhaitez quelque chose et on vous l'apporte à domicile.
C'est merveilleux. Lorsque vous êtes en train de vous morfondre ou bien que vous calculez les moindres détails, vous n'avez plus assez de disponibilité mentale pour voir tous ces cadeaux que la vie vous apporte continuellement.
Alors, dites « STOP », vivez en paix et en harmonie avec l'univers.

<u>L'éveil</u>

Pour entendre, vous avez besoin de silence. Afin d'entendre ce que vous disent vos congénères, vous devez vous taire. Lorsque vous parlez tout le temps, vous ne pouvez pas écouter, entendre, apprendre, progresser.

Un jour, un de mes élèves me pose une question pratique au sujet de la manière de conclure les soins. J'ouvre la bouche pour lui répondre, mais il est plus rapide que moi, il me répète encore une fois sa question, puis il m'explique qu'il n'arrive pas à terminer les soins,

qu'il a fait ceci et cela, qu'il a eu toutes sortes d'expériences négatives et qu'il ne sait vraiment pas comment en sortir. Il réitère plusieurs fois son incapacité à terminer positivement un soin pendant environ vingt minutes. Lorsqu'il se tait enfin, il est l'heure de reprendre le cours.
Je lui ai reparlé de cet événement un peu plus tard, il m'a avoué avec beaucoup d'émotion qu'il s'était senti très attristé, même rejeté parce que je n'avais pas voulu répondre à sa question.
Lorsque je lui ai dit qu'il ne m'avait pas laissé parler, il en était totalement abasourdi. Il ne s'en était pas du tout rendu compte. Par contre maintenant, il a compris le pouvoir du silence et à quel point il est fondamental.

Il n'y a pas de musique sans silence. Sans lui, la plus belle symphonie est un assemblage de bruits.
C'est dans le calme que l'on entend le chant des oiseaux, la respiration d'un bébé, le souffle du vent.
Votre silence mental vous donne accès à votre intuition, à votre voix intérieure ou aux messages des anges.

Lao-Tseu dit : « La plus grande révélation est le silence. »

Lorsque vous vous taisez, vous avez l'opportunité d'écouter, de percevoir ce que vous ressentez. Vous recevez les réponses à vos questions que cela soit par l'entremise des autres ou depuis votre for intérieur. Vous vous offrez l'immense privilège de discerner le monde d'un autre point de vue. Vous pouvez devenir spectateur pendant quelques heures et découvrir les merveilles que dans l'agitation vous ne pouvez distinguer.
Lorsque vous vous taisez vraiment, vous donnez la possibilité à quelqu'un d'autre de s'exprimer pleinement et vous vous offrez à vous-même l'incommensurable présent de découvrir ce qui est autre que vous.

Le plus extraordinaire dans le silence, c'est qu'il vous révèle un monde « parallèle » à côté de vous. Plus vous lui donnez d'espace dans votre vie et surtout dans votre tête et plus vous appréciez chaque chose.
Lorsque votre tête est libre de la cacophonie du mental vous remarquez et appréciez ce que vous entendez, voyez, vivez. Vous avez plus d'énergie et de temps.

Si la méditation permet de se régénérer autant, c'est parce qu'elle se passe dans le silence. Vous avez des pensées qui passent mais vous ne les attrapez pas pour entrer en discussion avec elles. Vous les laissez suivre leurs cours. L'agitation mentale est la cause de quasiment tous les stress et de nombreuses maladies.

Dites « STOP ». Écoutez votre dialogue intérieur et ainsi vous vous désidentifiez de lui, il n'est pas vous, il vous appartient, ce n'est pas pareil. Il est là pour vous et non vous pour lui.
Privilégiez le silence et découvrez un monde meilleur à portée de main.
Lorsque vous vous taisez, vous permettez aux autres, à l'univers, à vous-même, de vous offrir ce qu'il y a de mieux. C'est le chemin de l'éveil.

Le service

Lorsque vous écoutez, sans penser, vous écoutez avec tout votre être. Vous êtes centré, ancré, présent dans le silence intérieur.
Vous écoutez la personne qui parle sans vous comparer, sans ramener la conversation à vous, sans vous identifier. Vous l'écoutez simplement. De cette manière vous êtes détendu, calme, vous ne prenez pas ses paroles pour vous.
Vous êtes spectateur. Il ne s'agit pas de vous mais de la personne. Pendant quelques minutes, vous déplacez le centre de votre monde pour laisser la place à quelqu'un d'autre, conscient que la personne parle pour elle. Vous lui donnez ce dont elle a besoin, votre attention.
Vous ne cherchez pas à lui donner des solutions, des conseils, ni à juger ses actions.
Vous la respectez en écoutant jusqu'à ce qu'elle ait fini de s'exprimer. Vous ne profitez pas qu'elle respire pour placer ce que vous désirez (vous) dire. Bien sûr, vous ne lui coupez pas la parole.
Lorsque vous donnez votre attention à quelqu'un, votre corps s'apaise immédiatement. Plus vous pratiquez l'écoute et plus vous développez votre mémoire.
Pendant que vous pensez, vous entendez les mots prononcés mais vous n'écoutez pas. Si vous vous dites : « Oh cela, il faut que je m'en souvienne ! », vous commandez à votre cerveau une action, il va ranger dans un tiroir l'information.
Par contre, lorsque vous écoutez sans penser, vous êtes réceptif à tout. Vous enregistrez non seulement les mots mais l'ensemble de la scène sans faire d'effort. Vous laissez votre sagesse intérieure

opérer sans contrôle mental. Le moment venu de vous souvenir, vous pouvez pour ainsi dire réciter mot pour mot ce que vous avez entendu.

Ecouter, donner toute votre attention à quelqu'un d'autre est un cadeau que vous vous faites.

Vous avez probablement déjà fait l'expérience de porter votre attention sur quelqu'un, ainsi vous avez noté que cela allégeait votre mental. Vous n'êtes plus en train de tourner en rond dans votre tête, vous serinant la même mélopée, rejouant sans cesse votre mélodrame.

Portez votre attention sur l'autre vous a soulagé pour un temps. Vous avez déplacé votre centre d'intérêt.

Si ça marche pendant un instant, ça peut certainement fonctionner plus longtemps.

Exercice pour méditer ou se concentrer.

- Allez écouter une conférence, quelqu'un qui parle beaucoup, ou un programme télévisé. Donnez-y toute votre attention, comme si rien d'autre n'existait. Donnez-lui toute votre disponibilité. Ne cherchez pas à vous souvenir.
- Lorsque qu'une pensée vous ramène à vous, laissez-la passer, ne vous-y accrochez pas, c'est-à-dire ne vous répondez pas mentalement. Revenez immédiatement à l'écoute.
- Regardez et écoutez. Ne vous laissez pas distraire, vous avez éteint votre portable.

Commencez par quelques minutes, puis, progressivement, allongez le temps d'écoute.

Le but est de penser le moins possible.

Cet exercice pratiqué seulement une petite minute vous apportera déjà des bienfaits insoupçonnés. Persévérez, nul n'atteint la perfection du premier coup.

Et moi, et moi, et moi

La plupart du temps vous pensez et dites : moi, moi, moi, moi. C'est une manière de vivre, d'appréhender la vie.
Parfois, vous pouvez prendre plaisir à laisser la place à l'autre. A le mettre à la première place pour un moment et voir ce que cela fait, lorsque vous arrêtez de vous mettre au centre de tout.
Retirez-vous de la scène et profitez du spectacle. Laissez quelqu'un d'autre attirer et recevoir de l'attention.

Offrez-lui volontairement ce que vous pouvez lui donner et ce dont il a besoin : de l'attention.

Caché derrière des montagnes de plaintes, de potins, de railleries, vous percevrez un cri désespéré pour un peu d'attention.
N'oubliez pas, chaque mot prononcé appartient à celui qui les dit et pas à celui qui les entend. Au lieu de fuir ou d'essayer de raisonner avec ces gens, écoutez leur capharnaüm mental. Sans les relancer, ni leur fournir du bois à brûler. Ecoutez-les jusqu'à qu'ils n'aient plus rien à dire.
Ce n'est pas une perte de temps, au contraire. De toute façon, vous auriez passé le même temps à jouer aux jeux de l'ego du « Et moi, et moi, et moi ». Là, vous êtes détendu, car vous n'avez pas participé, vous êtes resté spectateur. Vous avez nourri de votre écoute quelqu'un qui en avait besoin.

> *Une amie m'explique qu'elle se met volontiers au service et écoute les gens, mais que parfois certains comportements ou mots la ramènent inexorablement dans sa tête. Elle se sent devenir victime de la personne. « Encore à se plaindre ! » « Toujours la même rengaine », etc. Consciente de cela, elle s'engouffre davantage dans la victime en se culpabilisant de ne pas y arriver.*
> *Je lui explique que c'est comme pendant les méditations, le but n'est pas d'arrêter le flux naturel des pensées, mais de ne pas leur*

répondre, de pas leur donner d'attention. Elles passent et c'est tout. Vous ne rentrez pas en conversation avec vous-même. « Oh, oui c'est vrai ça » « Je savais bien que… ».
En fait, c'est vraiment là que vous maitrisez, que vous vous ouvrez à la bienveillance. Vous dites « STOP » à vos anciennes habitudes de victime et vous choisissez volontairement de ne pas y céder.

Une technique très simple et rapide pour sortir du cri de la mouette : « Moi, moi, moi », est de se mettre en état de service. Vous vous centrez, comme si vous alliez méditer ou prier et vous vous dites à haute voix : « Je suis au service », ou « Je suis disponible », si cela vous convient mieux. Tout à coup votre mental se calme et vous vous ouvrez à la vie.
Vous êtes au service. Vous n'êtes plus seul dans votre manège. Il y a des gens autour de vous. Il y a de l'espoir, du partage, de la joie, de l'amour. Il y a des solutions et surtout les soucis ne sont que des soucis, pas des sommets infranchissables.

Etre au service ce n'est pas être servile, ni s'oublier. C'est arrêter de donner tant d'importance à votre mental. C'est voir qu'il y a un monde en dehors de votre tête. Que la vie est bien plus belle et plus simple que ce que votre mental agité veut vous faire croire. Vous prenez un réel bol d'oxygène. Vous vous changez les idées et vous faites de la place pour le neuf.
Untel ne vous a pas salué, ça veut dire qu'il ne vous aime pas, que quelqu'un lui a raconté des mensonges sur vous, etc.
Lorsque vous êtes au service, dans cet état où l'univers ne tourne pas autour de vous, si quelqu'un ne vous salue pas, cela ne vous touche pas ou bien vous allez, vous, faire quelques pas pour aller le saluer, tout naturellement.
Cette jolie phrase magique, vous pouvez vous la répéter à longueur de journée, car elle change instantanément votre réalité « Je suis au service ».

On entend souvent parler de justice et d'injustice. C'est pourtant un concept très relatif, selon d'où vous vivez l'expérience ainsi étiquetée.

Voici une petite histoire pour illustrer cette relativité.
Une famille est composée des parents, d'une grand-mère, d'un garçon adolescent, d'une petite fille et d'un bébé.
A l'heure du repas, dans un souci de justice absolue, la mère sert un bon steak bien juteux à chaque membre de sa famille.
Son mari est ravi, son fils adolescent également. La petite fille aurait préféré des pâtes, le bébé ne peut pas encore mâcher et la grand-mère ne peut plus. Pensez-vous que ces derniers soient satisfaits du désir de justice de la mère ?
Certes non. La justice serait de donner à chacun selon ses besoins. Toujours est-il qu'il faut les connaître !

Cependant, lorsque vous faites quelque chose pour quelqu'un, répondez-vous vraiment à son besoin ou bien donnez-vous ce que vous avez envie de donner, peu importe à qui ?
Lorsque vous êtes "au service", vous écoutez et regardez la personne de telle manière que vous êtes ouvert à ses besoins. Vous avez ainsi une opportunité de lui offrir ce qu'elle désire, elle.
Il vous est arrivé de conseiller quelque chose à quelqu'un et que cette personne n'ait pas mis vos conseils en pratique. Peut-être qu'elle n'était pas en demande de conseil, malgré son discours. Elle avait peut-être besoin d'une oreille compatissante, d'être rassurée ou que quelqu'un soit d'accord avec elle envers et contre tout.
Si vous savez d'avance ce que la personne veut, vous n'êtes pas au service, à l'écoute et dans le ressenti intuitif mais plutôt dans le mental qui a déjà tout calculé.
Allez faire du bénévolat dans une maison de retraite, une heure par mois. Faites l'expérience de tout faire pour l'autre sans rien attendre en retour.

C'est une des expériences les plus enrichissantes qui soit. Vous ne pouvez pas l'imaginer avant de l'avoir vécue.
Le mental attaque en vous disant : « Et moi alors, moi aussi je veux qu'on prenne soin de moi !» Reprenez-vous et dites en le pensant vraiment : « Je suis au service » ; la chanson de la mouette s'arrête.
Le « Et moi, et moi, et moi » qui vous poursuit continuellement vous empêche d'être heureux. C'est un harnais bien serré avec de grandes œillères. Vous tournez en rond dans un cirque morne et triste. Ou vous êtes seul, ou les autres sont responsables de vos malheurs, bref, vous êtes bien impuissant devant tant d'injustice, vous qui ne méritez pas cela.
Dès que vous acceptez de sortir du « Moi, moi, moi » vous voyez un monde qui recèle de merveilles.

> *Voici une histoire vécue pour illustrer « l'état de service ».*
> *Trois amies « au service » décident d'aller dîner dans un restaurant près de chez elles : le cadre est magnifique, il fait chaud, manger dehors est fort appétissant. Elles sont accueillies par le propriétaire qui leur dit qu'à dix-neuf heures, il est bien trop tôt pour dîner. Les amies répondent : « Qu'à cela ne tienne, nous allons prendre un apéritif dans le jardin ! ». Il les installe à une table sous un vieux chêne en faisant moult commentaires sur la nature loquace des femmes. Elles lui sourient avec bienveillance.*
> *Avant même que l'homme ne revienne avec les consommations, une gigantesque tempête sortie de nulle part s'abat sur le parc.*
> *Les trois amies se précipitent à l'intérieur, à temps pour voir des trombes d'eau se déverser, des parasols et des tables s'envoler, des branches se briser et même un arbre se fendre. Il n'y a plus d'électricité. La tempête ne dure que quelques minutes, le vent et la pluie se calment et un beau bleu refait surface dans le ciel.*
> *Les trois amies qui sont restées à l'intérieur toute la journée décident quand même de dîner en terrasse, malgré les risques de pluie. Elles remercient le personnel qui prend bien soin d'elles, en installant des*

parasols pour les protéger de la pluie et autres attentions. Elles se sentent comme des reines. Elles passent une merveilleuse soirée.
Le propriétaire vient s'excuser tous les quarts d'heure, il ne voit pas qu'elles sont heureuses, il n'écoute pas les remerciements et les sourires qu'elles prodiguent généreusement. Elles repartent satisfaites et heureuses de leur dîner.

Etre au service, c'est dépasser le mental, pour vivre réellement et ce quoi qu'il se passe. Des évènements inopinés et désobligeants auront toujours lieu, la manière dont vous les vivez vous appartient.
Dans le « Moi, moi, moi » votre mental rabâche à profusion des : « Qu'est-ce que j'ai fait pour mériter tous ces malheurs qui sont très lourds et sans fin ? ».
Au service, la vie est belle. Vous ne passez pas sous silence les petits gestes gentils des gens. Vous les accueillez avec joie. Vous laissez la grâce vous toucher. Il y a toujours un rayon de soleil pour réchauffer le cœur, une fleur pour embellir le paysage.
Lorsque vous vous mettez au service, vous ouvrez les bras pour donner. Quand les bras sont ouverts vous recevez au-delà de toute prévision.
Mettez l'autre au centre de votre vie. Transformez-la en un havre de paix où il fait bon vivre. Intéressez-vous à autre chose que vous-même. Sortez de votre petit confort illusoire pour vivre votre vie à plein sourire.
Commencez petit si vous avez besoin. Offrez-vous ce merveilleux cadeau et vivez.

L'expérience du service

Être au service n'est pas une relation de maître à esclave, ni même d'employeur à employé. Vous ne vous mettez pas obligatoirement au service d'une personne précise, vous êtes en état de service.

Les rois et les présidents sont au service de leur peuple. Les prêtres sont au service de leur paroisse. Ils ont accepté leur mission en prenant le service.
Ensuite, ils font de leur mieux, comme vous. Pensez que les anges sont au service.
Celui qui est au service n'est pas un pauvre hère sans parole. Au contraire, c'est une personne qui a revêtu son habit d'humanité.
Il lâche son fouillis mental, son jeu d'autodestruction pour s'ouvrir à l'autre, à la vie.

Au service, vous êtes centré sur autre chose que vos soucis. Vous laissez reposer votre nombril pour laisser s'épanouir tout votre potentiel. Vous rejoignez les anges dans cette vie. Imaginez les bénédictions qui s'ensuivent.

Centré sur vous-même, vous n'avez pas assez d'espace pour évoluer autant que vous pourriez. Vous êtes confiné dans votre tête, étriqué dans le monde que vous avez emmuré.
Vous ne jouez pas solo. Vous accueillez l'autre et son univers. Vous découvrez des quantités infinies de possibles qui ne vous étaient pas accessibles avant.

Une collègue me raconte que dans sa ville il y a un salon du bien-être tous les ans. Les organisateurs, pour des raisons inconnues, s'ingénient chaque année à trouver quelque chose pour l'empêcher de réussir. Elle ne leur prête pas trop d'attention car elle a toujours beaucoup de monde. Année après année, le salon perd de sa vigueur. Il y a de moins en moins d'exposants et de moins en moins de visiteurs, sauf pour elle, qui travaille toujours aussi bien.
Ils décident de rétrécir la largeur des stands, elle n'a plus assez de place pour tourner facilement autour de sa table de massage.

Ainsi elle décide de proposer de la voyance, ce qui attire les gens à qui elle donne sa carte et parle de ses soins. Ils interdisent l'utilisation des cartes.
Elle présente la thérapie par le son et les vibrations du bol tibétain, entres autres. Ils interdisent de dépasser 70 décibels.
Alors elle prend un grand stand, elle demande de l'aide à ses amis et élèves qui pratiquent les mêmes techniques qu'elle et expose son école. Au lieu de seulement proposer ses ateliers et ses soins, elle se propulse à un autre niveau. Son stand ne désemplit pas. Elle continue à remercier les organisateurs dans son cœur.
Comme elle dit : « Quoi qu'il en soit c'est une merveilleuse aventure. Même si ce n'est pas spécialement agréable de ne pas être appréciée, c'est intéressant de toujours aller plus loin ! Grâce à eux, je me suis mis sur mon chemin avec plus d'ardeur, merci encore. »
Finalement elle a compris que se battre n'est pas la solution, elle a décidé d'arrêter les salons, elle va se consacrer à ce qu'elle aime le plus : les conférences.

Exercice pour être au service.
Dites consciemment « Je suis au service » et laissez faire. Répétez le aussi souvent que vous en avez envie.
Si quelque chose est difficile, respirez et dites : « Je suis au service ». Lâchez, soufflez et reprenez le cours de votre vie.
Persistez, continuez.
« Je suis au service ! ».

Une cause

Si vous vous plaignez du manque de communication, de l'individualisme, du « Je-m'en-foutisme » collectif, alors devenez le changement.
Si cela vous dérange chez les autres, c'est que d'une certaine manière vous le faites aussi. Transformez cela en vous et participer à l'éveil mondial.

Refusez de vous laisser emporter sur la vague du « moi d'abord ». Vous la surfez depuis des années, vous a-t-elle mené où vous vouliez ?
Arrêtez de torturer votre cerveau en pensant que vous savez ce que pensent les autres. Ecoutez-vous.
Qu'est ce qui est important pour vous ? Quelle cause vaut d'être défendue selon vous ?
Allez-y, livrez une bataille qui a du sens.
Que ce soit pour vous personnellement, pour votre communauté, pour la Terre ou ce que vous voulez, si c'est important à vos yeux, ne vous encombrez pas de divagation mentale. Empoignez votre épée, chevauchez votre destrier, brandissez votre étendard, tel un chevalier d'un autre temps.
Posez votre genou à terre et mettez-vous au service de votre noble cause, quelle qu'elle soit.
Que vous décidiez de faire cavalier seul, de vous rallier à une association existante ou d'en créer une nouvelle, ne perdez pas de vue votre objectif.
Par exemple : vous voulez obtenir un diplôme particulier, protéger les abeilles, soutenir des personnes âgées dans une maison de retraite, aider à dépolluer la planète pendant vos vacances ou de façon professionnelle ; quel que soit votre but, restez les yeux fixés sur votre intention. Gardez la foi en vos convictions. Chacune de vos actions a une importance exponentielle.

« Le cœur de l'homme est le patrimoine de l'humanité. »
« Les armes de destruction massive sont dans votre cœur, changez votre regard. »
Citations de Marc Vella, pianiste de renom, conférencier, concepteur de la « caravane amoureuse ». Il sillonne les routes, les pays et les continents. Il s'arrête dans des endroits simples ou insolites (dans les prisons, les foyers, la rue, les maisons de retraite, les parcs, etc.). Il invite son public à participer en jouant quelques notes. Ceux qui le désirent vivent avec la caravane sur quelques kilomètres en donnant d'eux-mêmes, leur cœur, dans une démarche de valorisation de l'être humain.

Engagez-vous pour ce que vous aimez, pour ce que vous croyez. Qu'importe si des personnes vous trouvent excessivement ou insuffisamment qualifié, incongru ou pertinent. Vous faites ce que vous avez à faire. Vous participez activement au changement que vous souhaitez voir se réaliser. Vous œuvrez positivement pour le futur que vous créez.

Le facteur féminin

Masculin	Féminin
Emetteur	Récepteur
Actif	Passif
Extérieur	Intérieur
Mental	Intuitif
Contrôle	Foi

L'héritage de chaque homme et femme se retrouve dans la complexité et l'imbrication des deux aspects qui le composent : le côté féminin et le côté masculin.
L'aspect féminin est relié au cerveau droit et au côté gauche du corps. L'aspect masculin est attribué au cerveau gauche et au côté droit du corps.
Le facteur masculin, roi dans la société, vous est cher et bien connu. Il englobe l'action, l'effort, la volonté, la confrontation, la compétition, la puissance, le travail, l'expression, l'argent, l'individualité, la pensée, l'analyse, le mental.
Il est nécessaire au bon équilibre de chacun. Lorsque vous utilisez consciemment votre côté masculin, il est un atout essentiel de votre développement. Par contre, si vous le mettez à l'honneur, il vous engloutit dans la spirale infernale du toujours plus. Vous vous battez. Vous expérimentez l'égocentrisme, la violence, l'agressivité, le pouvoir, la conquête et la destruction.

Le facteur féminin, l'émergence de notre époque, vous propose des aspects qui ont été dévalorisés par la société pendant des siècles : le service, l'intuition, la sagesse intérieure, la créativité,

l'esprit de groupe, l'ouverture à l'autre, le présent, l'imagination, la spiritualité, l'abondance et l'amour.
Pourtant ces deux aspects sont essentiels. L'intuition requiert de l'action pour la création de toute chose.

Que vous soyez homme ou femme, vous atteignez les sommets de vos capacités en équilibrant et harmonisant ces deux aspects en vous. Vous cherchez souvent dans un(e) conjoint(e) ce qui vous manque. Or vous avez déjà tous les potentiels des facteurs féminin et masculin en vous. Développez-les et vos relations avec les autres en seront grandement améliorées. Vous mettrez fin à la guerre des sexes.

Exercice pour vous réconcilier avec l'autre aspect.
- Organisez-vous pour passer une soirée avec plusieurs personnes de l'autre sexe, sans aucune connotation sexuelle en étant la seule femme ou le seul homme. Lâchez-vous et soyez l'un d'eux, l'une d'elles.
- De même si vous ne fréquentez pas les personnes de votre sexe. Organisez-vous une soirée entre filles ou entre hommes.
Dépassez les a priori et autorisez-vous à passer un bon moment.

En prenant une orientation exagérément masculine, la société s'est engouffrée dans la ruine contemporaine. Redressez la barre en vous. Il ne s'agit pas de préférer un aspect plutôt qu'un autre, mais plutôt d'assumer votre héritage et de valoriser autant l'un que l'autre.
Vous êtes tous issus d'un père et d'une mère, représentant ces deux pôles. L'un n'est pas plus important que l'autre, ils sont tous les deux indispensables à la conception.

Le service

Le principe féminin, existant autant chez les hommes que chez les femmes, vous permet de vous agenouiller devant un petit enfant, de l'autoriser à se sentir grand.
Vous consentez, vous prenez plaisir à laisser la première place aux personnes que vous aimez. Vous les valorisez.
Vous les choyez, prenant leurs goûts et leurs besoins en considération. Vous les écoutez, vous leur accordez votre attention. Vous donnez sans calcul et vous acceptez de recevoir ouvertement.
Le service, ce mot fortement maléficié est pourtant le mot clé des "vraiment" grands de ce monde et l'ambition de la plupart d'entre vous. Ne voulez-vous pas être "utile", "servir à quelque chose" ?
Lorsque vous vous mettez au service d'une cause, vous devenez instantanément puissant. Vous n'êtes plus seul, vous faites partie de quelque chose d'important, de plus grand que vous. Vous relevez la tête et admirez les splendeurs. Au service, vous êtes heureux.
Vous n'êtes pas une victime, au contraire. Vous puisez votre joie dans la satisfaction de participer au bonheur des autres. Vous n'êtes plus centré sur ce qui vous manque mais sur tout ce que vous avez à offrir. Vous ne vous harcelez plus de mille questions vaines. Vous êtes en paix. Voilà ce qu'est le service : l'autre côté du miroir. Celui que vous désirez tant.
Le principe masculin, trop fortement ancré, éprouve peut-être de la difficulté à entendre ce concept. Faites-le taire un instant et ouvrez-vous à cette possibilité.

Etre au service c'est être un sage. Vous avez la certitude inconsciente que tout va bien se passer, ainsi vous appréciez d'être dans le présent. Vous accueillez ce qui se présente à vous sans prétendre contrôler la situation. Vous vous sentez en

sécurité, le cœur ouvert, sans avoir besoin d'un excès de protection.
Le seul et unique plan est d'improviser gracieusement selon la tournure des évènements en gardant le sourire aux lèvres et au cœur.

Voici une histoire qui illustre ce concept.
Un rabbin demande à trois de ces élèves : « Si, le jour de Shabbat, vous trouvez un portefeuille plein d'argent par terre, le ramasseriez-vous ? »
Le premier répond spontanément : « Jamais je ne ramasserai un portefeuille le jour du Shabbat, c'est un péché ! »
Le rabbin déçu lui dit : « Imbécile, va-t'en d'ici »
Le deuxième, sûr d'avoir la réponse qu'attend le rabbin dit : « Oui bien sûr, même si c'est Shabbat je le ramasse et je le mets en sécurité pour le rendre à son propriétaire le lendemain. »
Le rabbin, encore plus déçu, lui dit : « Imbécile, hors de ma vue. »
Le troisième, perplexe, se demande quelle autre option il a et répond : « Rabbin, je ne peux pas te dire ce que je ferai, je ne suis pas dans la situation. Je verrai quoi faire à ce moment-là. »
Le rabbin sourit enfin, il ne prêche pas que pour les courants d'air !

Prévoir c'est parfois nécessaire, toutefois garder une légèreté d'esprit extrêmement flexible permet de vivre chaque instant pleinement. Attentif à votre environnement, aux besoins de votre entourage, à vos envies, vous agissez au mieux à chaque instant.
Quoi qu'il se passe, vous êtes toujours là, présent, imperturbable.
Vous ne vous vexez pas de ce que disent les gens, vous savez qu'ils parlent pour eux. Vous les accueillez avec bienveillance.
Les actes manqués, désespérés ou malveillants de certains deviennent des bénédictions pour vous. Même les tempêtes se transforment en cadeaux.
Lorsque l'univers tourne autour de vous, tout est problème, douleur et souffrance.

Au service de l'autre, votre vie s'allège et devient douce. Vos douleurs s'estompent et vos problèmes se solutionnent, car vous n'en avez plus besoin pour attirer ou conserver le regard et l'amour des autres.

Exercice pour faire l'expérience d'être au service.
D'abord vous avez compris qu'être au service ça ne veut pas dire se perdre, être servile ou esclave. C'est être présent, ouvert et léger.
- Respirez profondément plusieurs fois. Répétez-vous à voix haute : « Je suis au service » autant que nécessaire. Jusqu'à ce que vous sentiez un apaisement.
- Prenez quelques minutes pour admirer votre état intérieur puis vaquez à vos occupations.
- De temps en temps répétez-vous : « Je suis au service ». Puis faites le bilan du moment que vous avez consacré à être au service.
Recommencez autant que vous le souhaitez, jusqu'à ce que cela devienne naturel.

<u>Le don d'émerveillement</u>

Lorsque vous utilisez le cerveau gauche à outrance, vous portez de nombreuses responsabilités sur vos épaules. Vous êtes votre unique pilier. Toutefois si vous tempérez avec l'aspect féminin, vous permettez aux autres de vous aider. Vous considérez chaque personne comme ayant des dons particuliers. Vous déléguez et vous appréciez la camaraderie. Vous cheminez en bonne compagnie.
Vous vous mettez en retrait volontairement pour laisser agir une autre personne.

Vous osez partager vos astuces et votre savoir. Vous vous réjouissez de vous voir imité. Seuls les bons sont copiés !
Vous n'êtes pas seul sur terre. Il y a autour de vous des personnes aptes à vous soutenir pourvu que vous leur en laissiez l'opportunité.

Le principe féminin vous offre la possibilité de devenir spectateur de la vie des autres. Vous pouvez aisément vous détendre, vous n'êtes pas tout le temps sous le feu des projecteurs.
Dans cette position extrêmement confortable, vous ne ramenez pas tout à vous. Vous laissez aimablement les autres parler et briller.
Lorsque vous êtes dans cette configuration mentale, vous êtes tel un ange, sans jugement et plein d'amour. Vous laissez l'autre vivre, s'exprimer, pleurer, aimer, sans être interrompu par votre désir de reprendre le dessus, de tirer la couverture à vous.

Fait de bon cœur, ce mouvement de retrait vous emplit de joie. Vous n'avez pas besoin de vous escrimer à prouver que vous existez ou que vous avez raison. Vous offrez librement à l'autre de le reconnaître, de le découvrir, de l'aimer.
Au lieu d'être celui qui sait, qui fait, qui est au centre, vous vous taisez volontairement, vous laissez gracieusement la place et vous admirez cette autre personne. Vous développez votre capacité d'émerveillement, ce don si précieux.

Le don d'émerveillement est la capacité à percevoir le beau en tout. Chaque être vivant a une raison positive d'être. Il est chargé de qualités et de valeurs. Parfois, une façade de tempérament démesurément introverti, extraverti ou agressif peut vous empêcher de voir cette personne comme un cadeau pour le monde.
L'aptitude à voir au-delà de l'illusion des protections qui habillent la plupart des gens est inestimable.

Vous n'êtes plus cerné de râleurs, de railleurs, de souffrants ou de pipelettes. Vous êtes entouré de personnes pleines de qualités à partager avec vous. Dépassez la surface qui crie au désespoir d'être reconnu et aimé, pour visiter les splendeurs qu'elle recèle.

> *Lors d'un atelier je demande à chaque personne de dire un compliment, quelque chose de très gentil et positif à chacun. Un monsieur se tourne vers son camarade et lui dit : « Bien que tu sois difficile à cerner, tu es agréable. » J'interviens en disant : « Non, quelque chose de vraiment gentil et de positif ». Alors il reprend : « Quand tu auras fait plus de chemin, tu… »*
> *Je l'interromps encore et réexplique que le but de l'exercice est de voir du beau, du positif dans l'autre, de ne surtout pas faire de reproche.*
> *Il me répond sur la défensive : « Mais, c'est vrai il a besoin d'améliorer ça en lui. »*
> *Je répète une fois encore le but de l'exercice qui consiste à faire un compliment sincère.*
> *Interloqué, il fulmine et me lance : « Avec toi tout le monde il est beau il est gentil. Je ne vais pas lui dire qu'il est parfait si ce n'est pas vrai !».*
> *Je le rassure en lui disant qu'il n'a pas à participer à cet exercice s'il ne le sent pas, que ce n'est pas facile pour tout le monde de dire quelque chose de gentil et qu'il pourra se joindre à nous de nouveau dès qu'il en aura envie.*
> *Le reste du groupe se délecte de ce gracieux moment de bienveillance. Lorsque je m'apprête à proposer un autre jeu, il me demande s'il peut réessayer. Là, à notre grande joie, il ouvre son cœur, complimente chacun avec des larmes plein les yeux. S'ensuit une belle séance d'embrassade collective spontanée.*

Lorsque vous louez l'aspect merveilleux de chacun, vous améliorez incroyablement votre réalité. Vous vivez dans un monde béni.

Exercices pour voir le bon et le beau qui existe.
1 Faites une liste des personnes qui comptent dans votre vie.
Puis, identifiez en chacune d'elle une de ses merveilleuses qualités.
2 Essayez pendant une heure de vous mettre volontairement et de bon cœur en retrait : écouter la personne, la regarder, l'admirer sans l'interrompre, sans trop penser et surtout sans reprendre le contrôle.
- Ressentez comment vous vous sentez.

Dans cette attitude, vous avez l'opportunité de contempler votre vie. Vous vous arrêtez et vous observez. Sous une lumière différente, car vous n'êtes plus dans l'action, votre réalité vous apparaît toute autre. Vous distinguez ce qui est important de ce qui ne l'est pas. Vous êtes dans l'état idéal pour concevoir des idées de génie, pour vous préparer à prendre les grandes décisions, à vous engager sur le chemin de votre prochaine épopée.

Le plus extraordinaire, c'est que plus vous exaltez l'autre et plus vous allez vers vous-même. Lorsque vous effacez votre ego, que vous transformez votre besoin d'attention en don d'attention, vous êtes enfin qui vous êtes réellement.

Célébrez le présent incommensurable que vous font vos congénères, remerciez-les, louez-les, grâce à eux vous pouvez sortir de votre carapace de protection contre l'amour et la vie.
Vous déplacez beaucoup d'air et utilisez beaucoup d'énergie pour attirer l'attention et être aimé des autres.
Même les personnes timides qui font tout pour ne pas se faire remarquer, dépensent énormément d'énergie à leurs actions de retrait visible. Se cacher, ce n'est pas si simple, cela requiert un déploiement d'ingéniosités impressionnantes. En fait, c'est une technique pour attirer subrepticement le regard et l'amour des

autres. C'est le "complexe du punk" : il se coiffe et se vêt de manière ostensible voire outrageante en prétendant ne pas vouloir être regardé.

Nombreuses sont les personnes qui au fond d'elles pensent qu'elles ne sont pas aimées, ou pas suffisamment. La plupart du temps, il s'agit d'un des parents.
Il ou elle ne vous a pas aimé ou ne l'a pas exprimé, montré. Il n'était pas tendre, elle n'avait pas le temps, etc.
Cette blessure, cette douleur vive, vous avez tenté toute votre vie de l'occulter pour ne plus avoir à la revivre. Dans cet élan de protection vous avez mis en place moult techniques pour que cela ne se reproduise plus et pour essayer de combler ce manque.

La dérobade, la maladie ou l'exubérance ne vous définissent pas. Ce ne sont que des méthodes inefficaces pour vous sentir apprécié, en vie, vivant. En fait, elles obtiennent un résultat bien diffèrent, elles voilent la personnalité. Elles donnent tout le pouvoir à l'ego, ce mental zélé et déchaîné.

Exercice pour trouver comment vous attirez l'attention.
- Qu'est ce qui est récurrent chez vous ?
- Quels mots ou expressions utilisez-vous le plus souvent ?
- Que faites-vous pour ne pas ressembler aux autres ?
- Quels atouts ou astuces utilisez-vous pour plaire ou être rejeter ?
- Remarquez votre posture corporelle dans différentes situations.

Lorsque vous vous mettez volontairement en retrait et que vous autorisez avec tout votre cœur quelqu'un d'autre à attirer l'attention, l'amour potentiel vers lui au lieu de vous, votre mental se calme. Vous arrêtez de jouer au jeu de l'affamé d'amour, du drogué en manque, prêt à tout pour avoir sa dose d'attention, même à se faire beaucoup de mal.

L'attention négative reste de l'attention. Lorsque vous êtes plaint ou pris en pitié, vous êtes regardé. C'est une manière d'accaparer l'autre.
Sortez consciemment de ce jeu du « Moi, moi, moi » et vous serez Vous. Tant que vous mobilisez votre énergie et vos ressources pour combler votre manque, vous ne vivez pas entièrement.
Détournez votre regard de votre besoin d'attention, donnez de l'attention aux autres et votre manque disparaît, vous vous sevrez. Vous vous désintoxiquez. Vous terminez votre quête.
Vous ne poursuivez plus une illusion qui ne peut être comblée par le mental.
Vous récupérez votre pouvoir.
Vous devenez vous-même, à votre place, en paix, heureux.
Vous êtes libre de cette drogue, de cette illusion mortelle.
Là, enfin, vous voyez clairement l'amour. Libéré de cette traque infernale, vous appréciez tout cet amour que vous avez emmagasiné, l'amour que vous avez engendré et celui que vous avez reçu.
N'étant plus obnubilé par le désir d'accumuler et surtout par la quête elle-même, vous êtes libre de ressentir, de profiter de tout cet amour qui a toujours été là.
Offrez votre attention à l'autre, voyez comme il est merveilleux et vous serez comblé.

L'abondance

Vous vivez dans l'abondance lorsque vous ne comptez plus. L'épargne est un concept issu de la peur de manquer, continuellement ravivé par le calcul.
Le manque de temps, de place, de patience, de concentration, de confiance en soi, de désir, d'argent, de sommeil, de foi, d'appétit, d'amour, de chance sont tous mesurables sur votre échelle émotionnelle.

C'est-à-dire que, quoi qu'il se passe dans votre vie, vous allez mesurer le manque.

Remarquez que vous ne comptez guère les moments de bonheur, les joies, les plaisirs partagés, les rencontres agréables, etc.
Généralement, vous vous concentrez davantage sur ce qu'il n'y a pas. Souvent, lorsque vous vous rappelez un bon souvenir c'est pour conclure sur le fait que cela n'est plus.
C'était mieux dans le passé. Ce sera mieux dans le futur. L'un n'est plus, l'autre n'est pas encore. Alors vous n'avez rien. Vous êtes privé. Vous comptez en prévision des malheurs. Vous posez comme axe central de votre vie la peur de manquer.
Hier n'est qu'un souvenir qui s'éloigne. Demain n'est pas là. Vous avez aujourd'hui. Qu'allez-vous en faire ?
Chaque jour, le soleil se lève, vous offrant l'immense présent d'une nouvelle opportunité.

Exercice pour avoir le temps.
1 Faites-vous des listes des choses :
- à faire en général,
- à faire cette semaine,
- à faire aujourd'hui.

Surtout barrez ce que vous avez fait.
2 Faites sonnez une alarme toutes les heures. Remémorez-vous tous ce que vous avez accomplis pendant cette heure.
Ces techniques vous permettent d'arrêter mentalement de courir.
Lorsque vous faites ce que vous avez à faire consciemment, vous ne courrez plus.
Vous voyez noir sur blanc que vous avez accompli beaucoup de tâches ou bien qu'en réalité vous n'en avez pas tant que cela.

Pour vivre l'abondance financière, ne mettez pas l'argent au centre de votre vie. Acheter parce que ce n'est pas cher, c'est du gaspillage. La plupart du temps vous remisez ces achats-là, vous ne les utilisez pas. Achetez plutôt ce dont vous avez besoin ou envie. N'allez pas systématiquement à l'économie, faites-vous plaisir et prenez soin de vous.

Vous attirez ce que vous pensez, ce que vous ressentez. Si vous vous sentez comblé, heureux et satisfait, c'est ce que vous invitez dans votre quotidien. Plus vous vivez de moments joyeux et plus vous vous sentez fortuné. La vie vous offre plus d'instants de bonheur.
Ainsi de suite, s'il n'y a pas de limite aux souffrances que vous pouvez endurer, vous n'avez pas de limite non plus au bonheur de vivre.

Ne travaillez pas pour régler vos factures ou pour payer quelque chose. Ne travaillez pas pour l'argent.
L'argent est un moyen, pas une fin en soi. Vous n'en aurez jamais assez. C'est une quête perdue. Vous en avez besoin pour vivre, évidemment, il s'agit de la monnaie d'échange en vigueur. Le propulser "raison de vivre" est une aberration.
Il est un outil. Pensez-vous à votre marteau, à votre clavier ou à vos clés comme centre d'intérêt ? Vous aimez que la table soit propre, vous ne pensez pas à l'éponge toute la journée.

Alors, exercez votre activité pour le plaisir, parce vous en avez envie, pour être utile, pour contribuer à la société, parce que c'est votre métier, pour vous occuper, rencontrer du monde ou parce que vous êtes bon à ce que vous faites.
Si vous ne pouvez vraiment pas, essayez tout de même de trouver des aspects positifs à votre travail ou alors il est peut-être temps d'en changer.

Une dame m'avoue qu'elle n'est pas heureuse d'être enceinte. Il lui reste deux semaines pour se décider à avorter mais elle n'arrive pas à s'y résoudre. Elle m'explique qu'elle a peur d'être une mauvaise mère. Elle se dit trop égoïste pour élever un enfant. Qu'elle aime sa vie telle qu'elle est. Mais surtout qu'elle ne veut absolument pas vivre avec son enfant ce qu'elle vit avec sa propre mère.
Je lui dis qu'elle est enceinte d'un garçon.
A cette nouvelle, elle se calme immédiatement. Après quelques minutes de silence, elle m'annonce qu'un garçon ce n'est pas du tout pareil. Que les garçons aiment leur mère et s'entendent bien avec elle.
Je l'ai aidé avec les angoisses accumulées, mais elle s'est raisonnée seule. Elle décide de garder l'enfant. Ses nausées ne sont plus aussi fortes et désagréables, il y a un bonheur à la clé.

Si vous pensez que vous avez besoin de quelque chose, arrêtez-vous pour contempler tout ce que vous avez déjà. Ne vous focalisez pas sur la chose que vous n'avez pas. Cela ne la fait pas arriver plus vite !

Le manque devient rapidement obsessionnel. Il prend toute la place et vous donne ce sentiment de pauvreté si amer. Il vous entraîne dans la spirale de la trinité de l'enfer au triple galop. La déprime et la dévalorisation pointent leurs naseaux.

Choisissez de vous concentrer sur ce que vous avez. Oui, vous avez. Vous commencez à relever la tête. Vous retrouvez l'estime de vous-même et la barre est redressée.
Vous pouvez utiliser les techniques citées dans ce livre pour vous aider.

Exercice pour sortir de l'état de manque.
- Faites deux colonnes sur une feuille.
La première « Que vous manque-t-il ? » ; la deuxième « Que possédez-vous ? » Soyez objectif.
Mettez en équivalence ce qui peut être comparé, soyez sincères, c'est pour vous.
- S'il vous manque 10 choses, rayez-les, puis rayez 10 choses que vous avez inscrites dans la deuxième colonne.
- Si vous manquez de plus de choses que vous ne possédez, il y a de très fortes chances pour que vous ne soyez pas vraiment sincère avec vous-même.
Respirez et regardez-vous, regardez autour de vous. La quantité incroyable de choses que vous avez.
- Parmi ce qui reste dans ce que vous possédez, choisissez-en un et remerciez-vous de l'avoir. Concentrez-vous sur cela. Comment l'avez-vous eu ? Si c'est par chance, c'est que vous en avez (de la chance) !

Lorsque vous valorisez le manque ou la peur du manque, vous partez à la chasse au dahu. Vous ne comblez jamais votre manque car c'est une disposition d'esprit. S'il vous manque de l'argent, même milliardaire, vous en manquerez encore.
Vous avez besoin de quelque chose, et dès que vous le possédez, vous avez besoin de plus.
Il y a une autre option. Elle est tellement simple qu'elle paraît impossible. C'est l'esprit d'abondance.
L'argent ça va et ça vient. Vous travaillez, l'argent rentre. Vous vivez en appréciant ce que vous avez et vous en profitez pleinement.
Le temps est relatif. Dans le présent, le ici et maintenant, vous faites ce que vous avez à faire et tout s'imbrique simplement. Les choses arrivent en leur temps.

Vous avez l'impression qu'on prend votre place. En fait, elle est sans doute ailleurs. Acceptez que cette place que vous briguez ne soit peut-être pas la vôtre. Ne la désirez plus. Puis, voyez comment se déroulent les évènements une fois que vous vous êtes détaché de cette exigence. La situation peut ou bien s'éclaircir comme par magie ou bien changer radicalement ! Dans les deux cas vous avez « fait avancer le schmilblick ».
Vous avez l'impression que les autres, la vie, vous éloignent de ce que vous convoitez. Il est temps de revisiter votre situation et de voir ce qui ne va pas.
Après tout, vous vous êtes peut-être trompé dès le départ. Ce que vous ambitionnez ne vous convient peut-être pas. Lorsque vous pensez ne pas être à votre place, vous avez sûrement raison, vous êtes peut-être totalement dans votre tête et pas assez dans votre corps, dans l'instant. Toujours à penser, à calculer, à projeter et pas dans l'action, dans le ressenti, dans la vie.

En vous battant et surtout en vous sentant hors-jeu, vous déprimez, vous stressez, vous êtes insatisfait. Si vous voulez que ça change, vous avez sûrement besoin d'une nouvelle distribution des cartes, c'est-à-dire un changement radical de décor.
Vous essayez, vous recommencez, vous refaites encore et encore la même tentative et ça ne marche pas.
Il est temps de changer de stratégie, ou bien d'accepter cette situation et de trouver votre place dans cette conjoncture.

> *Monseigneur Charles Rafael Payeur raconte cette histoire, lorsqu'il était jeune prêtre récemment ordonné. Un homme divorcé vient lui demander de l'aide. La célèbre phrase de la bible « Que l'homme ne sépare pas ce que Dieu a uni » (Evangile selon Marc) lui traverse l'esprit immédiatement. Toutefois, en bon ésotériste, il s'accorde la licence de changer un mot de cette phrase : « Que l'homme ne sépare pas ce que l'Amour a uni. ». Dieu étant Amour, cette permutation est acceptable.*

En effet, dans l'histoire de ce couple, le mariage avait été célébré pour des raisons toutes autres que l'amour. Donc, ce couple n'avait pas été uni devant Dieu, devant l'Amour, seulement dans une église.
Ainsi, il a trouvé les mots justes pour soutenir cet homme en détresse.

L'art du mot juste, du geste adéquat, de l'attitude valorisante est aisé lorsque vous êtes au service. Vous remisez vos convictions et vos opinions pour offrir à l'autre ce qu'il a besoin dans l'immédiat. Vous vous offrez d'ouvrir vos perceptions au-delà de votre réalité.

Vous avez assez d'argent pour pourvoir à vos besoins et davantage. Les économies sont faites pour être utilisées, pas pour être épargnées le jour où vous en avez besoin.

Vous avez assez de temps pour faire tout ce qui est important pour vous et plus encore. Vous avez allégé votre vie et vous ne courez pas. Vous profitez de chaque instant. Vous vivez beaucoup de moment privilégiés.

Vous êtes satisfait de votre vie. Vous avez l'impression de dire merci toute la journée et vous le faites.

Quoi qu'il arrive, vous vivez le côté positif en toute circonstance. La fin du monde est une bonne occasion de vivre un moment historique !

Vous valorisez chaque geste de tendresse, de gentillesse, de bienveillance qu'on vous adresse. Vous dispensez généreusement votre sourire, votre disponibilité et votre courtoisie.

Exercice pour compter vos bienfaits.
- Décidez qu'aujourd'hui ou pendant l'heure qui suit vous allez faire abstraction de vous, c'est-à-dire arrêter de penser à vous et être attentif aux regards, aux gestes, aux mots.
- Décidez qu'aujourd'hui ou pendant l'heure qui suit vous allez dispenser généreusement des regards complices, des gestes de bienveillance et des compliments à chaque personne que vous approchez.
- Puis prenez un moment pour ressentir comment vous vous sentez.

Vous écoutez et donnez votre attention. Ainsi vous ne confondez pas ce qui vous appartient (vos pensées, vos paroles, vos actes) et ce qui se rapporte aux autres (leurs pensées, leurs paroles, leurs actes).

L'effet boomerang est toujours en action. Quoi que vous fassiez cela vous reviendra. Rarement de la part de la même personne, mais cela vous rattrapera, sous une forme ou une autre.

Les lois de l'abondance s'appliquent tout à fait à cette loi universelle. Lorsque vous agissez de bon cœur, sans attente, ni même d'un merci, vous attirez ce genre de situation.
Il en va de même, quand vous procédez avec l'ambition d'être reconnu ou aimé. C'est-à-dire que vous projetez un désir avec votre action. Vous appelez davantage ce désir.
Vous voulez que l'on vous aime. Vous faites tout pour cela et pourtant vous avez toujours envie que l'on vous aime. Cela ne s'arrête jamais. A aucun moment vous ne vous dites :
« Bon, ça y est, je suis assez aimé. »
Non, vous continuez toujours votre quête du même désir.

Exercice pour conscientiser ce que vous attirez à vous.
- Avec quelle intention faites-vous les choses ?
Prenez un exemple. La dernière fois que vous avez aidé quelqu'un, que vous êtes-vous dit, à un moment ou à un autre ?
Exemple : « Comme ça il ne pourra plus se plaindre. Il m'avait aidé, aujourd'hui c'est moi, on est quitte. Maintenant il va voir qui est son ami. Il va voir que je ne suis pas feignant, que je suis gentil, que j'ai une parole, etc. ».
- Lorsque vous êtes parti travailler ce matin, que vous êtes-vous dit ?

Dans l'abondance, vous donnez avec votre cœur en acceptant implicitement de ne pas être reconnu, vu, aimé, remercié, ni rien. Vous agissez selon votre cœur, sans projeter aucun résultat. D'ailleurs les techniques pour générer l'abondance vous proposent de faire votre demande puis de ne plus y penser, vous laissez l'univers travailler pour vous sans interférer.
C'est le même principe. La vie est facile. Vous devez emmener la voiture au garage, vous avez assez d'argent, même si vous auriez préféré le dépenser autrement ou le garder.
Vous souhaitez partir en vacances, si l'argent n'est pas là pour le grand luxe, vous êtes invité par un ami à partager ce qu'il a.
Tout est comme cela.

L'abondance, c'est quand vous laissez la vie accomplir son œuvre et vous offrir ce que vous voulez. Parfois, ce n'est pas exactement ce que vous aviez "calculé, prévu, escompté" mais c'est le mieux que vous pouvez avoir dans les circonstances où vous êtes et c'est fantastique.
Dites merci en souriant et profitez.

La créativité

Principe féminin par excellence, la créativité est l'élément le plus important de l'humanité.
La civilisation est tellement dépendante de la créativité que dieu est appelé « Le Créateur ».
Les femmes conçoivent naturellement la vie en elles. La planète génère la vie à chaque seconde. La nature se reproduit constamment. Les humains conçoivent de nouvelles technologies chaque jour. Vos aptitudes engendrent une évolution constante.
Vous réalisez des œuvres d'art, des outils, des vêtements, des bâtiments.
Votre imagination est sans limites. Vos rêves inventent votre réalité.
La créativité est totalement inhérente à l'espèce.
Favoriser des instants de créativité consciente est indispensable à l'équilibre. Si vous ne créez plus délibérément, vous perdez contact avec votre moi profond, avec votre âme, avec la joie.

Vous regorgez de créativité. Pour ceux d'entre vous qui sont "manuels" c'est simple, vous créez avec vos mains. Pour ceux qui ne le sont pas vous pouvez créer autrement : écrire, chanter, danser même si c'est seulement pour vous.
Lorsque vous cuisinez, vous portez votre tablier de créateur de saveurs, attentif à ce que vous faites comme si les papilles gustatives allaient applaudir votre chef-d'œuvre.
Lorsque vous emménagez, changez les meubles de place, ajoutez un tableau, vous créez un nouvel espace, une nouvelle ambiance, une autre énergie.
Vous créez toute la journée, vous pouvez aussi le faire intentionnellement.

Tout ce que vous faites est une création. Chaque jour vous créez votre journée. Qu'elle soit programmée, minutée ou non, vous créez ce que vous vivez.
La création est constante et changeante. Elle est signe de métamorphose. D'une matière première que vous transformez, vous créez autre chose.

Exercices de conscientisation de votre créativité.
1) Hier ou aujourd'hui, qu'avez-vous créé ?
(fabriqué, mélangé pour obtenir autre chose, inventé, provoqué, accompli, réalisé).
2) De laquelle de vos créations, inconnue des autres, êtes-vous fier / satisfait ?
3) Remerciez-vous pour cette créativité toujours présente.

Elle vous permet de grandir à l'intérieur de vous-même. Lorsque vous modelez de la terre, c'est vous que vous façonnez.
Ce n'est pas seulement une forme d'expression, c'est une forme de thérapie. Vous vous construisez vous-même. Votre créativité vous stimule et vous engage à vous dépasser. Elle vous incite à développer votre ingéniosité, à rester proche de votre enfant intérieur.

Elle vous autorise à rester dans le jeu. La vie est un jeu. Si vous la considérez comme telle, tout est simple et léger. Vous êtes conscient que vous pouvez arrêter la partie et commencer un autre jeu à tout moment.

Les enfants vous enseignent cet art. Ils sont indifféremment le gendarme ou le voleur, le docteur ou le malade. Ils créent leur rôle à base des connaissances qu'ils ont. Ils sont vraiment instituteur, cuisinier, vendeur pendant qu'ils jouent. A l'instant où ils arrêtent, ils redeviennent les petits dans leur rôle d'enfant.

La créativité est une énergie puissante. Elle a permis la construction d'armes mortelles comme la réalisation du doudou des bébés. Une création achevée commence sa vie propre, indépendamment de l'intention du créateur.

> *Le destin d'un arbre.*
> *Il donne de l'ombre et abrite des milliers de vie. Il sait que son destin est tout tracé.*
> *Un jour, un bûcheron le coupe. De la scierie, il est transporté à travers le pays, vers un établissement spécialisé. Un ébéniste fabrique une table de son bois. Puis un commerçant la vend. Avec le temps, les enfants en héritent. Un jour, elle est revendue. Elle sert même d'établi et de table à langer. Ses pieds sont réparés et son plateau poli. Elle est donnée, repeinte pour enfin être exposée dans un musée. Après avoir été remisée dans une arrière salle à poussière, elle est rachetée aux enchères. Elle retrouve son utilisation initiale dans un autre pays. Aujourd'hui, elle est découpée pour en faire une œuvre d'art contemporaine. Qui sait jusqu'où le destin emmènera le bois de cet arbre ?*

La créativité est source de vie et de joie. Vous êtes fier de votre ouvrage. Il est beau et important à vos yeux. Vous avez mis toute votre attention et votre amour dans votre création. Comme les enfants, chacune de leur création est un chef-d'œuvre.

Lorsque vous êtes en train de créer, vous redonnez vie à cette partie de vous qui a tant besoin d'être reconnue. Elle est là, vous ne l'inventez pas. Vous lui rendez la place qui est la sienne, le droit d'exister.

L'enfant est à tort catalogué comme un insouciant. Il n'a pas les mêmes données ni les mêmes perspectives. Vous aussi, en tant qu'adulte, vous êtes considéré comme une personne insouciante par un de vos pairs. Vous n'avez pas tous la même notion du danger et des obligations. Souvent les artistes sont considérés comme des gens bizarres, parce qu'ils ne se conduisent pas comme les gens des bureaux et vice-versa.

La créativité est votre mode de relativisation. Un bout de ficelle devient un élément majeur, une couleur prend la valeur d'une vie, un mouvement du doigt se révèle être la clé. Vous n'avez plus aucun problème de concentration, de temps, d'argent, de confiance en vous. Votre castor intérieur a cédé, un flot de créativité vous abreuve. Vous êtes dans l'abondance, vous ne manquez de rien.

Pour certains d'entre vous, votre créativité s'épanouit dans l'inventivité, l'innovation et l'originalité. Pour d'autres elle atteint son apogée dans la reproduction, l'imitation, la caricature. Ou bien encore dans un mélange savant de ces deux aspects. Il n'est pas nécessaire de réinventer le fil à couper le beurre à chaque fois que vous en avez l'utilité.

Amusez-vous bien dans la merveilleuse aventure de votre vie. Créez consciemment !

L'intuition

Il y a une petite voix qui parle dans vos profondeurs. Elle est de bon conseil. Elle est une partie de vous. Elle est pure. Elle ne connaît pas la peur de manquer, elle se sait aimée, elle est constante et elle vous veut du bien. C'est votre voix intérieure. Vous l'avez tous. Certains l'écoutent, beaucoup la font taire, préférant les voix du mental qui s'acharnent à vous rappeler les dangers et les périls probables.

« C'est une affaire dangereuse de passer ta porte, Frodon, me disait-il. Tu vas sur la route, et si tu ne retiens pas tes pieds, Dieu sait jusqu'où tu pourrais être emporté. » La communauté de l'anneau, J.R.R Tolkien.

L'intuition, ce magnifique attribut du principe féminin, dispose d'une ample marge d'amélioration.
Si vous devez choisir un aspect à développer, c'est bien celui-ci. Où que vous en soyez sur le chemin, vous pouvez aller plus loin.
Votre intuition est présente à chaque seconde de votre vie, pas seulement de temps en temps. Elle vous parle pour les choses les plus triviales comme dans les moments clés.
Lorsque vous l'écoutez, les mots décisions et choix deviennent des banalités. Vous avez la connaissance intuitive. Vous ne vous posez plus trente-six mille interrogations, seulement celles qui ont une raison d'être.
Votre sagesse intérieure est la réponse à toutes vos questions. Elle vous mène toujours vers vous-même, vers votre situation idéale. Elle coïncide rarement avec votre mental. Lui, vous propose des raisonnements et des choix basés sur la peur et sur les illusions.
L'intuition n'est pas un rêve prémonitoire de temps en temps, elle vous offre un accès au bonheur.

Elle vous propose des possibilités parfois étranges, qui apparemment ne vous ressemblent pas. Pourtant il s'agit de votre voix pure. Elle est votre passeport vers l'innocence. L'innocence de l'oiseau qui ne se demande pas quand viendra son prochain repas. Dès qu'il en sentira le besoin, il attrapera un insecte.
La personne intacte, sans blessure que vous êtes à l'intérieur, celle qui se sent aimée, belle, intéressante, joyeuse et légère, existe. Votre sagesse intérieure vous pousse continuellement à sa rencontre. Elle vous prépare pour devenir ce que vous êtes déjà, même si vous ne le distinguez pas sous les voiles sombres de votre mental.

Exercices pour développer votre intuition.
- De quoi avez-vous envie tout de suite ?
Posez-vous cette question régulièrement dans la journée.
- Pendant quelques secondes, concentrez-vous sur vous-même. Ressentez comment vous vous sentez, sans chercher à mettre des mots, seulement ressentez-vous, ceci aussi souvent que possible. Plus vous allez faire attention à vos ressentis, aussi futiles soient-ils, plus vous exacerberez votre intuition.

L'intuition est votre arme la plus puissante et la plus précieuse. Libérée, écoutée et suivie, elle vous guide avec amour tout au long de votre vie.

Vous savez intuitivement ce qui vous convient. Ensuite vous l'oubliez pour favoriser l'ego. C'est simple, si ça vous fait peur, si cela soulève des tas de questions, si vous vous projetez dans le futur, c'est votre mental.
Lorsque c'est simple, que tout se met en place facilement, sans que vous ayez à contrôler tous les aspects du déroulement, tout va bien, vous écoutez votre intuition. En résumé, si ce n'est pas "facile", c'est que vous avez cédé à votre mental.
Votre intuition vous pousse à accomplir certains gestes. Elle vous incite à changer votre regard, votre point de vue pour vous sortir du sable mouvant que vous avez engendré avec votre tête. Elle suscite en vous des actions qui vous sont bénéfiques.

Vous n'avez pas besoin de vous faire confiance pour écouter votre intuition. Le manque de confiance en vos capacités à choisir, n'est rien d'autre qu'une illusion du mental.
Descendez de votre trône et acceptez de vous tromper. Admettez que vous ne contrôlez rien d'autre que certaines fonctions physiologiques. Vous retenez, bloquez votre intuition pour céder aux peurs et aux digressions cérébrales.

Etes-vous satisfait de votre vie ? Si c'est le cas, ne changez rien ! Sinon, mettez un mouchoir sur votre orgueil et autorisez-vous à faire des erreurs. Découvrez une autre manière de vivre. Osez. Suivez vos pas, vivez votre aventure personnelle.
Les esprits les plus brillants de la planète apprennent en faisant des erreurs. Les scientifiques essaient toutes les possibilités, c'est-à-dire qu'ils se trompent et se trompent encore et encore, jusqu'à qu'ils aient la bonne formule.
En vivant votre vie, en écoutant votre intuition, vous ferez le plus beau des voyages, vous traverserez des ouragans en chantant, vous dégusterez des charmes inattendus, vous côtoierez les fées et vous batifolerez dans les abysses.

> *Un directeur des ressources humaines me confiait que pour le département informatique de son entreprise, il devait poser une question décisive aux candidats : « Racontez-moi la plus grosse erreur que vous avez faite ».*
> *Si l'informaticien prétendait ne jamais avoir commis de faute grave dans son métier, sa candidature était rejetée, pour manque d'expérience.*

Le singe est un des animaux qui représente la sagesse. Dans la culture occidentale, faire le singe est presque une insulte. Pourtant c'est un animal qui, à l'instar des enfants, reproduit ce qu'il voit, s'amuse d'un rien et sait ce qu'il veut.
Faites donc le singe de temps en temps, vous gagnerez en souplesse et bien davantage.

L'imagination

Le mot imagination est généralement utilisé comme contraire à la réalité.
Voyez-le plutôt comme l'origine de la réalité.

Dans "imagination", vous y retrouvez le mot image, à l'image de dieu, et le mot mage comme magicien, magie.
Voici deux variations intéressantes du terme. A l'image de Dieu, vous avez la capacité de créer, d'aimer, de vivre. Vous êtes doté du don de magie, ce pouvoir qui vous permet de changer votre réalité.

Chaque chose qui vous entoure a été imaginée par quelqu'un avant d'être conçue. Vous-même avez été imaginé par vos parents pendant qu'ils vous attendaient.
L'imagination est une magnifique qualité, que vous possédez tous à des niveaux et dans des aspects différents. Elle vous offre la possibilité du nouveau. Elle est à la base de l'évolution. Envisagez la Renaissance italienne sans l'imagination !
Les idées nouvelles qui vous traversent l'esprit, les techniques alternatives, les possibles, les variables, le futur tout simplement est issu de votre imagination.

L'imagination est source de toute chose, un élément essentiel de l'aspect féminin à vivifier en vous pour votre équilibre et votre bien-être. L'imagination n'est pas une dérive du mental. Elle est sa fonction première. Elle est l'expression de votre intuition. Vous avez l'intuition, l'idée, vous l'imaginez réalisée puis vous la concevez. Elle est la mise en forme mentale de ce que vous êtes et de ce dont vous êtes capable.
L'imaginaire peut vous amener à troquer des humains pour des êtres irréels comme les contes du magicien d'Oz ou d'Alice au pays des merveilles.
Toutefois, votre imagination retranscrit fidèlement ce que vous vivez en vous.
Elle est un atout majeur, une clé fondamentale vers vous-même. Laissez agir votre imagination, donnez-lui la place qu'elle mérite. Elle vous montre la sortie que vous recherchez. Lorsque vous ne trouvez pas d'issue à une situation, laissez la place à votre imagination, ne la contrôlez pas, laissez-la s'exprimer.

Une dame devait déménager mais elle ne trouvait pas ce qu'elle voulait réellement. Je lui demande de prendre des crayons de couleurs et de dessiner une maison parfaite qui n'existe pas. La semaine suivante l'agent immobilier l'emmène visiter une maison. A peine était-elle arrivée au portail qu'elle reconnut son dessin. C'est là qu'elle réside maintenant.

En entrant dans cette énergie vous laissez votre sagesse intérieure libre de vous guider. Vous lâchez prise sur le contrôle et vous permettez à la vie de vous offrir l'ouverture nécessaire.
Elle est une qualité précieuse à choyer, à nourrir chez vos enfants et en vous également.

Exercices simples pour augmenter votre imagination.
1 Répondez à ces questions et créez-en davantage :
Si vous étiez un oiseau, lequel seriez-vous ?
Une voiture, une maison, un personnage connu, une chanson, etc.
2 Découpez des images dans des magazines, tout ce que vous voulez. Collez-les sur un carton, laissez-vous guider par votre enfant intérieur, lâchez toute considération d'esthétique ou de ce que vous croyez possible. Donnez-vous-en à cœur joie.
3 Ecrivez, dessinez ou dansez (les 3 si vous le pouvez) votre rêve le plus fou, quel qu'il soit. Il n'a pas besoin d'être réalisable.

La symphonie des principes féminin et masculin.

Lorsque vos actions sont commandées par votre sagesse intérieure et que votre force est au service de l'amour, vous faites l'expérience de l'harmonie universelle, cet état d'être qui chorégraphie le ballet des étoiles et des planètes. Vous êtes en osmose avec la terre, ses habitants et la vie. Les pieds bien ancrés,

conscient de votre pouvoir créateur, vos actions au service de l'humanité, vous êtes présent.
Vous vivez en maître, continuellement émerveillé par la splendeur et la richesse des êtres vivants et de la nature.
Les bonnes personnes avec les bons outils se présentent à vous en permanence pour vous accompagner dans la réalisation de vos œuvres.
Vous montrez votre gratitude et votre appréciation pour chacun des gestes dont vous honorent vos congénères.

Vous ne connaissez plus l'effort. Car le seul et unique effort qui a une réelle valeur, c'est de vous interdire radicalement les pensées non constructives. Lorsqu'elles commencent leur labeur de sape vous dites « Stop ». Puis, vous trouvez un aspect positif à la personne, la circonstance ou l'émotion qui vous a chagriné. Vous remerciez et souhaitez le bonheur à toutes les personnes impliquées dont vous-même. Vous souriez car vous avez confiance, ici et maintenant tout va bien, donc le futur sera merveilleux.
Vous travaillez de concert avec les gens et les puissances de la nature. Vous écoutez votre voix intérieure qui vous guide et vous informe.
Lorsque vous embrassez votre aspect féminin, votre principe masculin est magnifié, il s'épanouit.
Vous êtes doté de ces deux dons merveilleux. Vous êtes heureux d'être à la fois fort et vulnérable, doux et puissant, audacieux et fiable. Vous mariez avec élégance tous vos aspects sans en rejeter aucun. Vous êtes vrai, vous êtes Vous.
L'interaction des cerveaux droit et gauche vous donne la fougue, la passion nécessaire pour réaliser vos rêves. Comme un canal d'énergie, vous recevez et vous redistribuez.
Vous vous laissez diriger par votre intuition, votre imagination pour fabriquer, construire votre réalité extérieure. Vos actions sont assurées. Vous savez prendre des temps de repos autant que

d'activité intense. Chaleureux et bienveillant, vous êtes la même personne à l'intérieur qu'à l'extérieur.

Vous êtes authentique.

La conscience

Lorsque la lumière est faite tout devient évident. Il n'y a plus d'intrigue ou de trahison. Vous comprenez les tenants et les aboutissants. Elle apporte un regard neuf dénué de l'emprise des émotions. Vous ne vivez plus caché derrière votre armure de protection. Vous voyez ce qui est.
Toutes les opinions, les pensées sont issus des souvenirs. Vous ne pouvez pas appréhender simplement le nouveau. Vous analysez avec vos données existantes, c'est-à-dire votre vécu. Ce que vous ne connaissez pas n'entre pas dans l'équation. Quoi que vous voyez ou entendez, vous le percevez au travers de vos acquis et de vos expériences. Tous est filtré par ce que vous croyez et ce que vous avez éprouvé par le passé.

Ainsi un mot, un geste peuvent prendre une valeur disproportionnée.
Certains peuvent débattre de la signification d'un mot avec véhémence. Ce n'est qu'un mot. Toutefois, ce mot représente une ou plusieurs émotions. Vous vous accrochez à votre vérité comme si elle était universelle ; mondialement vôtre. Aimer se cacher derrière des mots est un des jeux préférés du mental.

Il y a des mots qui vous réveillent de mémoires émotionnelles. Cela peut être un nom ou un mot quelconque pour les autres mais qui pour vous prend des proportions remarquables.

Si ces mots sont si importants pour vous, vous pourriez peut être allez voir ce qu'ils cachent. Écoutez le discours que vous tenez à ce propos, essayez de comprendre ce que vous vous dites. Surtout si ce n'est pas la première fois que vous tenez ce langage.

Exercices pour vous libérer de l'emprise émotionnelle des mots.
1 Quels mots vous provoquent systématiquement une réaction ? Exemples : Obéissance ? Effort ? Politique ? Argent ? Minceur ? Sexe ? Alcool ?…. ?
- Faites attention à vos réactions lorsque vous écoutez quelqu'un parler. Exemple : cela peut vous nouer, vous faire esclaffer, vous énerver, vous faire fuir, tousser, etc.
- Remarquez les mots qui sont vraiment importants pour vous, ceux que vous défendez.
2 Quels sont les mots que vous n'utilisez au grand jamais et ceux qui sont "bien" à utiliser ?
- Remarquez lorsque vous corrigez quelqu'un (ou vous-même) sur l'utilisation d'un mot plutôt qu'un autre. Que véhicule ce mot pour vous ?
3 Technique pour redonner au mot sa véritable valeur : répétez-le en expirant, jusqu'à ce qu'il ait perdu sa force : 10, 50 ou 1000 fois si nécessaire.
Acceptez que ce n'est qu'un mot, pas une charge ni une collection de souvenirs. Exemple : le mot "diable" est un mot. Il n'est pas l'entité qu'il désigne.
- Utilisez sciemment le mot toute la journée, trouvez des moyens de le placer dans vos conversations.
Continuez à être vigilant, restez attentif à vos réactions devant certains mots.
Nettoyez-les de leur charge émotionnelle au fur et à mesure.

La lumière n'est pas motivée par la peur. Au contraire, elle est conscience. C'est-à-dire que vous comprenez des éléments du grand puzzle qui n'étaient pas encore dévoilés.

Une dame vient me voir parce qu'elle pense que sa belle-mère lui envoie des mauvais sorts car c'est une femme très méchante. Sa vie est un long fleuve noir, misérable et atroce.
Très vite dans le soin apparaît l'origine de la discorde. La belle-mère a tenu des propos inconsidérés, quasi insultants au sujet des parents décédés de cette dame. Nous procédons au deuil de ses parents, elle leur dit ce qu'elle a à leur dire et accepte d'entendre ce qu'ils répondent.
Quelques mois plus tard, je rencontre la belle-mère qui se présente et me dit : « Merci pour ce que vous avez fait à ma belle-fille. Je revis. J'ai une relation saine avec mon fils et sa femme maintenant. Vous savez j'avais très peur qu'elle m'empêche de voir ma petite-fille. Merci. »
Le mental associé à la douleur et à la peine se déchaînent et fomentent des histoires incroyables qui engendrent des malheurs abominables.

Il y a toujours plus de conscience à réveiller en vous. Ramasser les excréments que votre chien laisse dans les lieux publics est un minimum.
Acquérir la notion que la Terre est vivante est un début.
Percevoir la subtilité du monde invisible, est une porte entrebâillée.
Plus vous sortez du grésillement du « Moi, et moi, je », plus vous vous ouvrez à une connaissance, à un entendement très différent du monde.
Le contraire de la conscience, c'est l'ego survolté qui ramène tout à lui, à vous. Lorsque vous êtes dans le tourbillon du « Pauvre de moi, personne ne me comprend, je fais tout et je n'ai rien », votre conscience est inaccessible.

Toutes les peurs et les mesures que vous appliquez vous éloignent d'elle. La conscience vous réconcilie avec la vie. Elle vous ouvre des perspectives fabuleuses. Sinon, ce n'est que le jeu habile de votre mental.
La conscience est la réalité derrière le voile de l'illusion.

<u>Développer votre conscience</u>

L'intuition, lorsque vous l'écoutez, vous permet d'éviter bon nombre de désagréments. C'est cette voix de sagesse qui vous incite à suivre votre chemin sans les interférences de la peur, du manque d'amour, d'attention, de temps, d'argent, etc. C'est cette lumière qui vous invite à vous polariser sur le développement de vos talents, au lieu de vous nier en cherchant à devenir quelqu'un d'autre que la pure merveille que vous êtes déjà.

Vous êtes parfait tel que vous êtes. Nettoyez un tout petit peu, taillez la pierre brute, polissez le diamant et resplendissez.

Focalisez-vous sur vos atouts et laissez vos imperfections s'effriter. Utilisez ce que vous avez déjà, puis construisez dessus. Vos aptitudes et facultés sont votre meilleur chemin de réussite.
Si vous avez une belle voix et que vous ne chantez pas, vous privez l'humanité et vous-même de ces bienfaits. Les sons sont guérisseurs. La portée de leurs vibrations est incommensurable. Que vous le sachiez ou non, n'altère en rien leurs effets.

Soyez le meilleur de vous-même. Ainsi vous n'aurez aucun regret ni culpabilité.
La vérité est ailleurs, elle est en vous. Découvrez-là en étant vous-même, c'est-à-dire en développant vos qualités et vos dons innés.

Vous vous sentirez toujours à votre place. Vous saurez qui vous êtes et ce que vous avez à faire. Le mental reste en retrait car vous privilégiez le silence et votre intuition. Votre voix intérieure vous guide pas à pas, à chaque étape de votre vie.

Votre aptitude à vous mettre au service, en disponibilité, vous aide à rester centré dans le présent et vous éloigne des puits sans fond de la trinité de l'enfer, cette spirale qui vous entraîne vers le bas, là où tout est difficile, où tout est effort. La peur, le paradis du mental, y règne en maître.
Ne vous autorisez pas à critiquer, surtout pas vous-même. Dès que vous ouvrez la porte à la séparation « Je suis mieux que lui », c'est-à-dire « Lui a tort et il n'est pas comme il faut », vous vous engouffrez dans un jeu malsain.
Vous avez l'impression de parler de lui, mais ce sont vos cellules à vous qui se chargent de vos propos. Vous attirez ce que vous pensez et créez ce que vous dites, souvenez-vous en.

> *Un monsieur vient me voir car il déprime totalement depuis qu'une famille a emménagé dans son quartier. Ils sont sales, méchants, bruyants, irrespectueux et s'en prennent à lui ouvertement.*
> *Il ne veut pas déménager car c'est la troisième fois que cela arrive. Il est temps que ce schéma récurrent cesse.*
> *La première étape a été qu'il ne soit plus dérangé par les aboiements du chien. Que ce bruit devienne un son acceptable par son ouïe. Ainsi de suite, jusqu'à ce que les voisins deviennent invisibles à ses yeux. Lorsque la saleté et le manque d'entretien du lieu lui parurent désuets, que plus aucune de leurs actions n'a eu le pouvoir de stresser mon patient, la famille a déménagé.*

La lumière d'espoir, cette tournure d'esprit positive qui choisit de se nourrir du beau, du bien et du bon avant tout, vous donne l'élan, la force de vivre toutes les expériences simplement, sans drame profond.

Vous avez choisi de voir les aspects positifs de toutes choses et tout se transforme en opportunité. Quelles que soient les circonstances actuelles de votre vie, vous pouvez voir le bon côté des choses, prendre du plaisir, sourire et remédier à ce que vous ne voulez plus.
Si cela prend du temps, rappelez-vous qu'un an ou dix ans, c'est plus rapide que jamais.
S'il vous faut du courage, sachez que vous en avez la force et que cela devient de plus en plus naturel. C'est le premier pas le moins facile : une fois lancé, vous êtes parti.

Vous écoutez votre corps, votre intuition en toutes circonstances. Ainsi vous ne connaissez pas le doute rongeur. Remettre en question vos croyances et vos certitudes de temps en temps est bénéfique. Douter de vous devant chaque décision est dévastateur.
Suivez votre première intention, votre première idée et si ça ne marche pas, recommencez. Vous avez le droit à toutes les erreurs possibles. Imaginez que vous avez le droit à dix milles erreurs par jour. Tant que vous ne dépassez pas ce quota vous êtes tranquille. Il n'y a pas un chemin mieux qu'un autre, ce sont tous des chemins.
Ecoutez votre sagesse intérieure, fermez le clapet de votre orgueil et tout se passera bien.

Le doute est un choix.
Vous décidez délibérément de stagner. C'est votre choix.

Le doute envahit les pensées lorsque vous avez peur de vous tromper. Or l'erreur est totalement positive, grâce à elle vous évoluez, vous vous enrichissez, vous devenez meilleur.

Une jeune femme un jour me confie qu'elle ne fait pas la cuisine car elle ne sait pas doser le sel.

Une autre me dit qu'elle ne fait pas de site internet car elle ne sait pas se présenter.
Dans les deux cas, je leur propose de faire un essai. Le but n'est pas de réussir du premier coup mais plutôt de poser des bases sur lesquelles travailler.
Je les invite : « A partir de là, améliorez, apprenez et perfectionnez-vous petit à petit. Demandez l'avis ou le conseil d'autrui. Essayez, et si cela vous convient, continuez, sinon tentez autre chose. »

Un peintre, un écrivain, un jardinier, toute personne qui s'aventure au-delà du connu, essaye. Il est extrêmement rare de réussir du premier coup et ce n'est pas vraiment le but. Il y a toujours un premier jet, puis vous l'améliorez. Vous apprenez de vos erreurs, de vos observations et vous vous perfectionnez.

Ce ne sont pas des erreurs dans le sens scolaire, là où la réponse est systématiquement bonne ou mauvaise. Ce sont des tentatives, des essais, des expérimentations, des apprentissages, des explorations, qui rapproche à chaque fois de l'objectif.

Un ami chef de chœur dit souvent : « Pour que je te corrige, il faut que je t'entende chanter ! »

Exercices pour ne pas douter.
Faites une liste de vos doutes
Examinez un des doutes que vous avez noté et prenez une décision. Ex : je le fais, je ne le fais pas, je le fais faire, je le ferai l'année prochaine, etc.
Vous faites un choix parmi vos options, ainsi de suite pour toute la liste.
Restez conscient que vous pouvez revisiter vos décisions à tout moment.

Utilisez une des dizaines d'idées pour vous aider à prendre une décision que vous offre ce livre : vous écouter parler, faire le silence, utiliser un oracle, demander de l'aide à un ange, arrêter de tout contrôler, faire ce que vous avez envie, accepter de vous tromper, remercier d'avoir le choix, etc.

Plus vous autorisez le silence dans votre tête et plus vous octroyez de la place à votre intuition.
Votre sagesse intérieure est en relation directe avec l'univers entier. L'anicroche, c'est que vous n'y avez pas accès avec votre mental. Beaucoup de compréhensions se débloquent seules avec l'âge et la maturité. Le reste vous parvient lorsque vous vous posez et acceptez de vous laisser instruire.
L'orgueil habilement manié par l'ego vous rappelle à quel point vous avez déjà étudié, compris, emmagasiné des connaissances. Lorsque vous êtes dans l'état de « Je sais », vous êtes fermé a tout.

> *Socrate, un des pères de la philosophie, a dit :*
> *« Je ne sais qu'une chose, c'est que je ne sais rien ».*

Exercice pour accepter d'apprendre.
Remarquez lorsque vous pensez ou dites « Je sais ».
Transformez-le par « Je ne sais rien ».
Baissez la garde. Ne coupez pas la parole et ne surfez pas sur votre avalanche mentale.
Ecoutez puis à la fin remerciez, au moins dans votre tête.

Lorsque vous voulez communiquer avec quelqu'un, assurez-vous qu'il vous écoute. Car s'il est dans ses pensées ou s'il parle en même temps que vous, vous êtes dans une joute mentale stérile. Vous parlez tout seul.

Si votre interlocuteur tient absolument à parler en premier, laissez-le s'épancher. Lorsqu'il aura tout dit, il se calmera et vous pourrez parler. Vous aurez une chance d'être écouté, pas avant.
« Pourquoi ne vous écouterait-il pas en premier, après tout ? », pensez-vous.
Quel est votre but ? Parler ou être entendu ?

L'écouter, c'est : ne pas l'interrompre, ne pas discutailler, uniquement lui laisser la place et écouter, jusqu'à ce qu'il ait fini. Seulement après, vous pourrez exprimer ce que vous avez à dire et être entendu.
L'un de vous doit parler en premier et l'autre en deuxième. Jouer à qui parlera le plus fort ne résout rien, au contraire. S'il vous fait des reproches pendant sa diatribe, souvenez-vous, il parle de lui-même. Vous êtes en train de lui offrir de s'entendre, qu'il en soit conscient ou non. Laissez-le s'exprimer jusqu'à la lie, vous apprendrez beaucoup de choses et il sera ensuite à même de vous donner son attention. Avant, il est trop perturbé par son mental pour se concentrer sur vous.
Offrir votre attention volontairement vous calme et répare les relations. Vous refusez de participer au jeu de la victimite. Vous laissez votre mental au repos.
Chaque pas que vous faites dans cette direction est un pas dans la conscience.

La synchronicité

Un cadeau n'est pas seulement le contenu d'un joli paquet enrubanné. C'est aussi le soleil qui se lève sur votre horizon, l'arbre qui vous salue devant votre fenêtre, le regard amoureux de votre animal domestique. Vous pouvez voir le cadeau dans chaque sourire, dans chaque mot gentil, dans chaque synchronicité. Vous avez besoin de quelque chose et comme par enchantement, cela vous arrive sur un plateau. Remarquez-le. Remerciez, la vie vous a fait un présent.

Une jeune femme enceinte se retrouve seule et dans une situation très précaire. Elle réussit à être hébergée par un membre de sa famille. Elle n'a pas d'argent, elle ne connait personne et elle a une grossesse difficile. Heureusement sa tante raconte son histoire à tous ces amis. C'est là que commence un défilé de personnes arrivant les bras chargés d'affaires pour le bébé. Une vraie bénédiction qui a touché autant la jeune maman que la tante.
Le temps passe, le bébé naît, les circonstances de la vie de cette jeune femme changent et elle repart vivre avec le papa de son enfant.
La tante qui reste avec un grenier plein d'affaires de bébé sur les bras, apprend qu'une de ses connaissances, une dame qui a déjà 3 enfants vient d'avoir la surprise d'une nouvelle grossesse. Bien sûr elle avait décidé de ne pas en avoir d'autre, elle avait donné toutes ses affaires de bébé. La tante la contacte et lui offre tout ce qu'elle a. Cette dame lui confie qu'effectivement elle a besoin de tous, qu'elle a prié pour trouver une solution au financement que représente l'achat du matériel et des vêtements nécessaires pour accueillir un bébé.
Que des cadeaux !

« Ah ! La vie n'est pas si simple, il y a les malheurs » arguent certains. En effet, il y a de tristes événements que vous ne pouvez éviter. Que cela ne tâche pas votre capacité à voir les cadeaux. Au contraire, c'est dans les heures les plus sombres que vous pouvez voir les étincelles de lumière d'amour qui vous entourent.
Lorsque tout va bien, vous remerciez aisément pour tous les merveilleux présents que vous offre la vie. Toutefois, une lumière allumée en plein soleil est invisible. Par contre, une simple veilleuse dans l'obscurité brille comme un phare.
Prenez l'habitude de remercier pour toutes les belles choses qui vous arrivent, ainsi les nuages noirs auront beaucoup moins d'impact sur vous. Vous ne perdez pas de vue que la nuit, le soleil n'est pas bien loin, la lune vous en fait le serment.

Exercice pour voir les cadeaux.
Qu'avez-vous reçu comme cadeau aujourd'hui ?
De l'univers, de la vie, de quelqu'un ? Aussi infime soit-il.
Remerciez et portez votre attention sur tous les cadeaux de la vie.

Les dons et les connaissances

Vous avez des dons innés que vous développez. Vous en possédez tous. Vous connaissez les vôtres. Remerciez-vous pour ce merveilleux présent. Un don, une qualité, n'ont de valeur que si vous les mettez au service de la communauté humaine.
Vous utilisez votre capacité pour améliorer la vie à votre niveau. Autrement, vous dilapidez votre héritage.
Quel que soit votre don (oui, vous en avez au moins un), votre responsabilité est de le développer au maximum de vos possibilités. Vous n'êtes pas obligé d'en faire votre métier, ni de le mettre au centre de votre vie. Toutefois, une aptitude naturelle que vous délaissez est une déperdition. Vous bloquez l'abondance, la créativité, le bonheur. C'est comme si vous jetiez à la poubelle une rivière de diamant ou un remède universel.

Il y a des personnes qui pensent ne pas avoir de talents ou de capacités particulières. En fait, ils considèrent que ce qu'ils ont ou ce qu'ils sont n'est pas suffisant.
Tous les talents ne sont pas forcément montrés à la télévision ou destinés à sauver le monde. Mais ce sont des facultés, des aptitudes, de l'art.
Tout le monde ne sait pas faire les omelettes, arranger un bouquet de fleurs, repasser le linge, couper du bois, n'a pas la main verte, etc.

Une personne très importante dans une grande entreprise c'est la femme de ménage. Imaginez le directeur du marketing travailler avec l'odeur du trognon de pomme pourri émanant de sa corbeille, recevoir des clients à son bureau où se chevauchent les tasses de café sales.

Si vous pensez n'être bon à rien, travaillez sur votre valeur. Alors, votre maestria, votre savoir-faire personnel deviendra évident.
Si l'orgueil vous empêche de vivre, la dévalorisation vous tue. Apprenez à vous apprécier, c'est fondamental.

> *Pendant une séance individuelle, une dame m'explique que son but est d'être bonne en tout. Lycéenne elle n'arrivait pas à comprendre ne serait-ce que les concepts de le physique. Elle y travaillait continuellement, beaucoup plus que dans les autres matières. Quinze ans plus tard, elle essaye toujours de combler cette lacune, en faisant des choix de postes qui lui demandent beaucoup de travail et qui lui donnent l'illusion qu'elle utilise une manière détournée pour enfin comprendre les bases de la physique.*
> *Evidement cette femme ne se sent bonne en rien et sans talent particulier, puisqu'elle focalise uniquement sur ce qu'elle n'a pas.*
> *Elle pense que ses parents l'aiment car elle est « bonne en tout ». Je lui propose d'appeler ses parents pour leur demander. Elle rit et me dit que ce n'est pas nécessaire elle sait bien que ce n'est pas vrai. Elle doit lâcher cette décision pour pouvoir se réaliser personnellement et professionnellement.*
> *Pourtant elle me dit : « Mais je n'ai pas de talent spécifique : si je n'essaye pas d'être bonne en tout je suis nulle en tout. »*
> *Je lui dis : « Vous êtes extrêmement humaine. ». « Oui c'est vrai, j'ai de la compassion, de l'empathie et j'aime vraiment les gens. », accepte-t-elle.*
> *Quels magnifiques talents, n'est-ce pas !*

Chacun possède exactement les qualités dont il a besoin pour participer à son développement personnel mais aussi à celui de

l'humanité. Vous considérez votre don comme dérisoire et sans valeur. Imaginez que chaque gouttelette d'eau de l'océan se dise la même chose et qu'elles s'en aillent. Il n'y aurait plus d'océan.
Chacun d'entre nous et nous tous formons l'humanité. Si l'un d'entre vous manque à l'appel, l'humanité entière en pâtit. Lorsque vous n'accomplissez pas votre destinée vous êtes malheureux. Ce par quoi vous êtes attiré est votre « appel », il vous y mènera.
Au lieu d'envier les qualités des autres, développez les vôtres.
La vie que vous vous êtes créée ne vous permet pas de vivre vos aptitudes naturelles par manque de temps, de santé, d'argent, etc. Remédiez-y, votre bonheur et le bon déroulement du « grand plan » de l'univers en dépendent.
Telle une imbrication de rouages, aucun n'est plus important que l'autre, si le plus petit dysfonctionne le mécanisme entier est bloqué.
Si vous saviez à quel point vous êtes important, vous arrêteriez de vous poser trente-six mille questions qui vous paralysent.
Favorisez un questionnement qui vous fait avancer. Quels sont vos talents propres ? Comment pouvez-vous les développer davantage ? Comment pouvez-vous les mettre au service du bien commun ?

> *Le poids d'un flocon de neige, d'un auteur inconnu (de moi).*
> *"Dis-moi, combien pèse un flocon de neige ?", demanda la mésange charbonnière à la colombe.*
> *"Rien d'autre que rien", fut la réponse. Et la mésange raconta alors à la colombe une histoire :*
> *"J'étais sur la branche d'un sapin quand il se mit à neiger. Pas une tempête, non, juste comme un rêve, doucement, sans violence.*
> *Comme je n'avais rien de mieux à faire, je commençai à compter les flocons qui tombaient sur la branche où je me tenais. Il en tomba 3 751 952. Lorsque le 3 751 953ième tomba sur la branche (rien d'autre que rien, comme tu l'as dit), celle-ci cassa". Sur ce, la mésange s'envola.*

La colombe, une autorité en matière de paix depuis l'époque d'un certain Noé, réfléchit un moment et se dit finalement : "Peut-être ne manque-t-il qu'une seule personne pour que tout bascule et que le monde vive en paix ?"

Vous n'êtes pas tout seul, perdu dans un coin. Tous vos actes et même vos pensées ont des répercussions sur tout l'univers. Il est temps pour vous d'en prendre totalement conscience, de l'accepter et d'agir en conséquence.
Devenez le mieux que vous pouvez être. Ainsi, vous vivez dans la joie et vous êtes un élément positif pour le monde.

Exercices pour savoir où vous en êtes sur votre chemin.
1 Que faites-vous avec les dons et les connaissances que vous avez ?
2 Comment pouvez-vous les utilisez d'une manière plus active ?

Le chemin

Lorsque vous vous aventurez sur une terre inconnue vous appréciez l'assistance d'un guide. Vous ne remettez pas en question ses conseils à chaque embranchement. Vous avez décidé de le suivre et vous le faites jusqu'à destination.
Vous aussi, à un moment de votre vie, vous avez besoin d'un accompagnateur. Vous devez accepter d'être guidé. Parfois, certains d'entre vous préfèrent picorer de-ci de-là, de peur de rater quelque chose. Ou bien cela leur évite de s'engager dans une voie particulière.
Lorsque vous avez trouvé un guide, suivez le, le temps de vous construire, de vous élever au plus haut de votre potentiel actuel. Il vous emmène quelque part où vous n'êtes pas encore allé.

Accueillez cette nouvelle aventure et vivez des expériences que vous n'auriez jamais approchées seul. Tout le monde a besoin d'aide parfois.
Un guide vous permet de vous dépasser vous-même. Il vous met au défi. Il vous secoue et vous empêche de stagner. Il vous accompagne et vous épaule.
Réveillez en vous ce qui est important et donnez-vous les moyens de vivre votre vie.

Osez-vous tromper. Osez copier. Osez désirer.

Lorsque vous regardez un champion, pensez qu'il a commencé un jour par le b.a.-ba de sa discipline.
Vous-même, jeune enfant, vous avez fait un pas, vous êtes tombé, vous vous êtes relevé et vous avez persévéré. Heureusement que l'orgueil n'était pas encore développé, sinon vous marcheriez à quatre pattes encore aujourd'hui.
Ne laissez pas la peur diriger votre vie. Faites ce que vous avez envie. Vous rêvez d'aller au Caraïbes. Vous avez les économies et le temps, mais vous avez peur de l'avion. Dépassez votre peur : lorsque l'avion commence à rouler, dites : « J'ai bien vécu, maintenant est une belle heure pour mourir ». Récitez des mantras, des prières ou fredonnez une chanson et respirez. Repoussez vos limites et devenez votre propre héros.
Là, l'horrible erreur que font la plupart des gens c'est de croire que c'est la confiance en soi qui fait défaut. Pas du tout. La confiance en soi est issue de l'expérience. Vous l'avez déjà fait donc vous pouvez recommencer.
Ne rejetez pas la faute sur le manque de confiance en vous, vous créez une barrière infranchissable.
Osez le faire une fois et gagnez en expérience. Vous vous trompez, c'est parfait, maintenant vous avez acquis quelques connaissances pratiques sur le sujet. Vous y arriverez, même si ça prend du temps.

Exercice pour agir.
- Décrivez l'objectif que vous souhaiteriez réaliser si vous aviez confiance en vous.
- Faites une liste exhaustive de toutes vos peurs concernant ce projet.
Laissez la liste de côté pendant une semaine puis reprenez là.
- Rayez toutes les peurs qui ne sont pas réelles ou facilement surmontables.
- Trouvez des solutions pour parer à celles qui en ont besoin.
- Que reste-t-il ?

Faites-vous aider et devenez le meilleur de vous-même.

La confiance en soi

La confiance s'acquiert avec l'expérience. Vous avez déjà fait quelque chose des dizaines de fois, vous ne vous posez plus la question si vous avez confiance en vous ou pas. Vous le faites.
La confiance en soi est probablement un des plus grands mensonges personnels, un des voiles illusoires les plus épais.
Lorsque vous dites « Je n'ai pas assez confiance en moi », c'est catégorique, c'est une fatalité, vous n'essayez même pas.
C'est le serpent qui se mord la queue ! Il n'y a pas d'issue. Vous êtes bloqué.
Pour rester bien coincé, vous prétextez la phrase fatidique : « Je n'ai pas confiance en moi ». Vous entrez dans l'immobilisme complet. La voie est barrée.
C'est votre choix.
Or vous avez tout de même conscience que sur terre, dans votre corps et dans la société, tout ce qui stagne décline, pourrit, meurt.

Alors cessez d'invoquer la toute puissante formule de paralysie et dites plutôt la vérité : « J'ai peur ». La peur ce n'est pas grave, ça se dépasse. Vous avez peur, c'est facile, vous demandez de l'aide, quelqu'un vous tient la main et vous traversez.

> *En atelier de guérisiologie, j'ai parfois des élèves qui me disent : « Je n'ai pas confiance dans l'interprétation de mon ressenti ».*
> *« Centrez-vous, pratiquez, pratiquez et pratiquez encore. Seules les expériences vous donneront la confiance que vous recherchez. Vous aurez des retours positifs. Centrez-vous et pratiquez, c'est comme ça que vous y arriverez. »*
> *Malheureusement, certains me répondent : « Mais je n'ose pas, j'ai peur de me tromper. »*
> *« Allez- y, trompez-vous, c'est la meilleure manière d'apprendre. Faites-vous un soin pour accepter de vous tromper. » Ils lâchent, enfin, pour leur plus grand bonheur.*
> *Celui qui ne fait jamais d'erreur n'accomplit jamais rien non plus.*

Lorsque vous vous dites : « Je n'ai pas confiance en moi », essayez plutôt de vous dire : « Ok mon orgueil, là tu ne m'es d'aucune utilité. J'accepte d'être ridicule et de me tromper s'il le faut, mais je vais y arriver. »

Allez-y, osez, vous n'avez pas du tout besoin d'avoir confiance en vous-même pour tenter de nouvelles expériences. C'est même antinomique.

Au bout du douzième déménagement, vous saurez faire les cartons. Après une dizaine de créneaux consécutifs réussis, vous les ferez sans y prêter grande attention. Une fois que vous avez pris l'habitude du karaoké, vous chantez en toute circonstance. La première fois que vous nagez sans avoir pied cela fait bizarre ensuite vous y prenez goût.

Le plus dur c'est la première fois, puis petit à petit cela devient normal, une seconde nature.

Vous avez tous un côté timide. Qu'il ne vous empêche pas de vous amuser. Sinon, dites-vous : « Hé, toi, timidité, tu ne m'aides pas beaucoup en ce moment, je fais abstraction de toi, tchao ! » et allez-y.

La confiance en soi est synonyme d'expérience. Lorsque vous avez expérimenté quelque chose plusieurs fois, vous savez avec votre vécu et vos souvenirs que vous pouvez le faire.

Le manque de confiance en soi est synonyme de manque d'expérience. Pour y remédier il n'y a qu'une seule solution : l'expérimenter. Une fois vécu il n'y a plus de manque. Vous pouvez vous documenter, étudier ou demander de l'aide à un professionnel, ce qui augmentera vos chances de réussite.

« Que sera sera », comme dit la chanson, advienne ce qu'adviendra. Si vous ne prenez aucun risque vous ne vivez pas. Vous passez à côté de vous-même.

Le but ce n'est pas de vivre protégé de tout. L'objectif c'est de découvrir, de créer, d'aimer, qu'importe si ça fait mal parfois.

Si vous avez acquis cette conscience vous êtes sur le bon chemin !

Les anges

Vous avez tous un ange gardien dont la mission, la raison d'être est de vous aider. Il est là pour vous. Il est asexué. Il n'est ni mâle ni femelle. Son genre est : ange.
Il n'est pas un être humain. Il n'a ni les qualités, ni les défauts, ni les désirs, ni les besoins, ni le mental des humains. Il est différent. Vous ne pouvez pas concevoir, saisir, "mentaliser" un ange.

Toutefois, pour satisfaire le besoin de comprendre, vous pouvez imaginer les anges comme des êtres de lumière, magnifiques et bons, dotés de pouvoirs mystérieux. C'est probablement la vision que vous avez d'eux.

Il y a des catégories d'anges. Ils sont nuées et ont des fonctions différentes. Votre ange gardien est un intermédiaire entre vous et tous les autres anges.
Certains souhaitent lui donner un nom particulier pour "l'humaniser", le rendre semblable à soi-même, l'inconnu est ingérable par le mental, puisqu'il ne s'appuie que sur des expériences antérieures : le connu.

Une des fonctions favorites des anges est d'être intermédiaire, entremetteur, dans le sens où ils favorisent les rencontres.
Puisque votre processus cognitif traite beaucoup plus facilement ce que vous connaissez, vous faites du lien, vous prenez des

repères, ils utilisent cet attribut pour vous fournir ce que vous demandez.
Ainsi ils emploient souvent des personnes pour vous donner une réponse ou une solution au problème que vous leur avez soumis.

Par exemple, vous demandez un conseil pour prendre une décision importante. Le conseil vous vient en tête comme une pensée ou une idée presque immédiatement. Si vous êtes bien occupé à cogiter, à vous projeter, à ressasser, vous n'y prêtez pas attention. Parfois, le conseil que vous attendez tant ne vous convient pas.
Exemple : « Dois-je acheter cette maison ci ou celle-là ? ».
Le conseil : « Aucune, pas maintenant » n'est pas accueilli favorablement.
Alors vous continuez à demander. Ils continuent à vous répondre, parfois vous vous entêtez et vous pensez qu'ils vous ignorent. Ils vous envoient des personnes qui vous conseillent de ne rien faire, qui vous offrent une troisième possibilité encore plus inappropriée. Ils recèlent d'ingéniosité.
Mais celui qui ne veut pas entendre est bien plus sourd qu'un pot !
Ils utilisent vos propres habitudes pour vous guider. Celui qui aime les films aura envie de voir un film qui induira une idée le conduisant vers sa solution. Il en va de même avec les livres, les rencontres, les chansons, etc. Ils sont très perspicaces.
Votre ange gardien vous connaît très bien. Il emploie toutes les ressources à sa disposition pour vous donner ce que vous lui demandez.

Il ne juge pas du bien-fondé de votre demande, il s'évertue à vous fournir ce que vous demandez sans poser de questions. Vous lui dites que vous souhaitez plus de travail, il vous aide à en trouver. Vous lui dites que vous êtes épuisé, il fait en sorte que le travail s'arrête.
L'idéal est de demander ce que vous voulez vraiment.

Pour cela vous devez peut-être faire une introspection et altérer légèrement votre manière de penser. Vous êtes habitué à prendre des antidouleurs au lieu de soigner le problème. Par exemple demandez-lui de calmer votre mal de tête, mais demandez lui aussi de soigner la raison de cette douleur, ainsi elle ne reviendra pas un jour prochain.

Vous pouvez demander plus de travail, mais vous pouvez aussi demander à être prospère. Vous perdrez peut-être votre emploi car vous ne deviendrez jamais riche avec ce que vous faites maintenant. Restez calme, faites confiance et bien plus vite que vous ne pouvez l'imaginez, si vous vous laissez faire, vous aurez un travail financièrement avantageux.

Lorsque vous avez l'impression que les anges n'exaucent pas vos prières c'est que vous ne les laissez pas agir.
Parfois vous faites des demandes contraires. « Je veux tout garder, rien changer et surtout ne rien perdre. » et « Je veux évoluer, guérir et vivre une vie plus sympa. » Vous ne vous en rendez pas toujours compte lorsque vous commandez deux choses contradictoires. « Je veux beaucoup de travail » et « Je veux pouvoir faire le tour du monde ». Vous avez sûrement calculé que vous avez besoin de tant d'argent pour pourvoir arrêter de travailler et faire le tour du monde. Mais ce n'est pas ce que vous avez demandé. Peut-être que ce que vous voulez vraiment c'est voyager tout simplement, alors dites-le : « Mon ange, débrouille-toi pour que je puisse voyager, s'il te plaît » et laissez-le faire. Si vous ne donnez pas d'ordre contraire, bientôt vous voyagerez.

Ceci dit, vous pouvez demander tout ce que vous voulez. Votre ange gardien se démènera pour vous obtenir tout ce que vous lui demandez.
Parlez-lui.

Il vous respecte, donc il n'intervient pas lorsque vous ne demandez rien. Vous devez impérativement faire une requête.

Il ne travaille que pour vous. Si quelqu'un le sollicite pour vous, il vous donnera l'idée de demander mais c'est tout. C'est à vous de demander pour vous ce que vous voulez.
Si vous souhaitez quelque chose pour quelqu'un d'autre il ira seulement se mettre à la disposition de la personne, qui a elle aussi son ange gardien et la même possibilité que vous.
Il n'interfère pas dans vos vies. Vous devez le solliciter. C'est gratuit. Ils parlent toutes les langues. Vous pouvez leur parler partout, chez vous, dehors, en conduisant, aux toilettes, partout : il n'y a pas de protocole.

Ange est un terme générique, si vous priez une déité, une icône, un guide, l'univers ou qui que ce soit, c'est pareil. Alors ne changez rien si votre rituel vous convient. Changez seulement le terme "ange" par la formulation qui vous est plus appropriée.

Plus vous l'invoquerez et plus proche de lui vous serez. Demandez tout ce que vous voulez, les petites choses qui font la vie de tous les jours comme les grandes choses. Vous pensez que vous leur demandez déjà beaucoup, détrompez-vous, vous ne leur demandez pas encore assez.

Réclamez pour vous, votre bien-être, votre confort, vos besoins, votre santé, votre vie amoureuse, votre travail, vos relations professionnelles, amicales, vos animaux, tout. Plus vous invoquez votre ange, plus vous sentirez sa présence, plus vous en ressentirez les bienfaits.
Ils ne sont pas humains, ils ne vivent pas un temps linéaire, ils ont le temps, l'envie et les moyens de s'occuper de vous. Vous ne pouvez pas leur demander trop. Requérez leur assistance en tout et tout le temps.
Facilitez-vous la vie, vous leur ferez plaisir.

L'ange gardien

Vous avez tous, au moins, un ange, avec vous, en permanence. Il vous accompagne tout au long de la vie. Bien des traditions le nomment "ange gardien".
Sa fonction est de vous aider à résoudre et à accomplir ce que vous souhaitez. Il ne juge pas de la pertinence de votre demande, il veille à ce qu'elle se réalise.

A ses yeux vous êtes parfait. Il vous trouve absolument magnifique, intelligent, méritant, intéressant, sublime et divin.
Il vous aime simplement, sans se poser de questions.

Que vous écoutiez ou non ses conseils, que vous choisissiez ou non le chemin qu'il vous propose, que vous croyiez qu'il existe ou non, il reste là près de vous à attendre patiemment que vous demandiez quelque chose.

Il respecte votre libre arbitre, il intervient seulement si vous lui demandez.

Il veille sur vous et vous guide autant que vous le laissez faire.

Vous ouvrir à sa présence est une expérience merveilleuse.

« Je voudrais le sentir »

Voici une technique facile que vous pouvez pratiquer seul.

Exercice pour ressentir ou voir votre ange gardien.

Asseyez-vous confortablement dans un lieu paisible.

Respirez profondément et lentement pendant plusieurs minutes les yeux fermés.

Passez tout votre corps en revue (les pieds, les jambes, les genoux, etc.), un élément après l'autre en disant mentalement : « Les poignets sont détendus, les mains sont relaxées, etc. », jusqu'à ce que vous vous sentiez vraiment bien et la tête au calme.

Demandez maintenant à votre ange de se manifester.

Vous gardez les yeux fermés, surtout vous acceptez ce qui se présente à vous.

Que ce soit la représentation d'un humain, d'un animal, d'une grande lumière, d'un point lumineux, pas grand-chose ou n'importe quoi, acceptez ce que vous visualisez. Ressentez comment vous vous sentez, ce qui se passe en vous.

Certaines personnes ressentent un grand calme, une profonde sérénité, d'autre de la joie, de la chaleur, de la fraîcheur, les mains qui chauffent, le cœur qui picote, une pression sur le plexus solaire, etc.

Sachez qu'il est là, qu'il se manifeste à vous autant que vous pouvez, aujourd'hui, le recevoir.

Ressentez-le, ressentez comment vous vous sentez lorsque vous reconnaissez sa présence.

Plus vous collaborerez avec lui et plus votre ressenti se développera.

Certaines personnes ont un ressenti naturellement plus développé que d'autres. Avec de la pratique, vous y arrivez tous.

« Qu‘est-ce que je peux lui demander ? »

Demandez tout ce que vous souhaitez. Il n’y a pas de limites à ce que vous pouvez désirer.
Commencez par lui parler. Dites-lui : « Bonjour, mon ange. Aujourd’hui, j’ai rendez-vous avec Untel pour ceci ou cela, s’il te plaît accompagne-moi pour que j’obtienne ce que je veux (précisez). »
Pensez à le remercier, bien sûr.

Sollicitez des choses pour vous. Vous avez le droit. Prier pour les autres c’est excellent, mobiliser votre ange pour vos besoin à vous, c’est encore mieux.
Les personnes pour qui vous priez ont elles aussi des anges gardiens dont leur mission est de veiller sur elles. Prier pour les autres et demander pour soi, voilà deux mots qui vont très bien ensemble.

Votre ange vous aide à mieux comprendre une situation, à mieux accepter telle autre. Il est toujours heureux de vous assister. Demandez-lui une place de parking devant la porte, avant d’arriver de préférence, une place assise dans l’autobus, tout ce qui vous simplifie la vie.

Demandez lui de vous aider à l’inclure dans votre vie.
Très vite, vous acceptez de recevoir les cadeaux, de savoir que vous méritez. Vous concevez que la vie est belle et facile. Vous souriez, revivez et êtes vous-même.

« Je demande, mais rien ne se passe. »

Votre ange gardien s'occupe de vous et seulement de vous. Il n'influence pas les autres pour qu'ils vous aiment, reviennent, déménagent ou vous donnent ce que vous voulez.
Adressez-vous à votre ange gardien et laissez-le trouver la solution.
Un exemple : vous souhaitez vous épanouir dans votre travail. Vous expliquez à votre ange la situation : « J'en ai marre de mon travail, je veux le poste de Machinette, ce n'est pas intéressant, je veux une promotion, mes collègues ne sont pas sympas, je veux qu'ils changent, s'il te plaît, fais quelque chose pour que je m'épanouisse dans mon travail. »
Il va trouver une solution pour vous. Probablement quelque chose auquel vous n'aviez pas pensé.
Très vite, vous allez avoir une intuition, suivez là.
Elle peut conduire sur des sujets encore inexplorés. Parfois, quelque chose d'inattendu va se présenter tout seul.
Il est en train de comploter avec tout l'univers pour que vous trouviez un travail où vous allez vous épanouir. C'est ce que vous lui avez demandé.
Peut-être que pour y arriver, vous allez devoir pardonner à quelqu'un, accepter de changer une vieille habitude, dépasser une de vos limitations.
De toute façon, suivez le conseil, écoutez votre intuition, il vous guidera vers les bonnes personnes et les bonnes situations.
Certaines choses prennent plus de temps que d'autres. Parfois c'est presque instantané.
Vous pouvez demander à votre ange gardien de vous faire gagner au loto, pourquoi pas ? Vous pouvez aussi réfléchir à ce que vous feriez avec cet argent. Exemple : vous achetez une maison en Nouvelle-Calédonie. Très bien. Pourquoi ? Pour vous éloigner des soucis familiaux et de l'emprise de vos parents.

Vous pouvez aller à l'essentiel et demander à votre ange de vous aider à améliorer les relations avec votre famille.
Peut-être vous fera-t-il hériter d'une maison sur une belle île du pacifique. Peut-être vous accompagnera-t-il sur le chemin de la paix du cœur, vous verrez bien. Il est futé, votre ange gardien.
Demandez ce que vous voulez réellement et laissez-le faire. Vous pouvez aussi lui demander de vous aider à trouver ce que "vous voulez vraiment".

« Mon ange gardien, c'est un être cher qui est décédé, je sens sa présence et je sais que c'est lui qui m'aide »

Cet être cher, votre : parrain, grand-mère, frère, tante ou autre, était certainement un être merveilleux qui vous aime infiniment. Il vient vous voir lorsque vous l'appelez. Toutefois ce n'est pas son rôle de vous aider tous les jours. C'est la fonction de votre ange gardien. Il vous est totalement dédié. Feu celui ou celle qui vous aime tendrement doit passer à autre chose et vous aussi.
La vie est cycle. Parce que vous êtes né, vous mourrez. Les saisons, la respiration, la révolution solaire, l'apprentissage, la digestion, tout est en mouvement.
Il y a un début et une fin. Mais ce n'est pas la fin, puisque ça continue.
Lorsque vous décédez ici vous naissez autre part. Pensez que lorsque vous êtes venu au monde ici, vous êtes mort à votre vie précédente aussi.

Ce qui est merveilleux lorsque vous décidez d'accepter de laisser entrer votre ange gardien dans votre vie, c'est que vous êtes toujours accompagné et qu'il y a constamment des solutions.

« Je ne sais pas comment faire »

Demandez-lui tout ce que vous souhaitez sans lui dire comment faire pour y arriver. Laissez-le agir seul. En amont, vous pouvez lui demander de vous aider à réfléchir sur ce que vous voulez vraiment.
Il ne vous force pas à faire les choses, il vous suggère et vous écoutez, en agissant ou non.
Il trouve une manière compatible avec le reste de l'univers pour accéder à votre requête.
Par exemple, vous lui dites que vous souhaitez épouser Dominique. Vous, vous êtes sûr que c'est l'amour de votre vie, votre âme sœur, même si Dominique donne l'impression de ne pas s'intéresser à vous.
Ce n'est pas gagné. Pourquoi ? Parce que ce que souhaite Dominique compte aussi. Par contre, si vous demandez une personne qui vous convienne pour vivre une belle histoire d'amour, il y a des chances pour que vous la rencontriez dans un délai raisonnable.

Parlez à votre ange, demandez-lui de vous aider à éclaircir la situation. Acceptez que la solution la plus simple ne soit pas systématiquement celle que vous croyez. Parfois, ce que vous désirez ne peut être réalisé car il y a d'autres personnes intéressées dans votre requête. Ces personnes demandent peut-être tout autre chose.
Par exemple : vous demandez de l'aide pour vendre un bien ou déménager. Un membre de votre famille peut être attaché à cette demeure. Ou bien vous demandez également en parallèle à ne rien perdre, à tout garder. C'est contradictoire.
Toutes vos prières sont exaucées. Si elles ne le sont pas, c'est que cela ne vous concerne pas directement ou que la personne demande autre chose.

Vous pouvez aussi parfois demander des choses pour lesquelles vous n'êtes pas prêt. Par exemple, vous souhaitez rencontrer le grand amour. Or, vous avez fermé votre cœur. Dans un tel cas, l'ange, pour réaliser votre vœu, va devoir cicatriser vos blessures avant que vous puissiez vous ouvrir au grand amour. Cela peut prendre un peu de temps. Mais soyez assuré, il y travaille.

« Est ce que je peux l'appeler pour des broutilles ? »

Votre ange ne juge pas. Pour lui, tout ce que vous demandez est ce que vous désirez. C'est suffisant.
Parfois, une petite chose sans importance peut illuminer votre journée.
Vous méritez tous les bonheurs et les petits plaisirs. Lorsque vous êtes heureux, vous rendez tout votre monde heureux et vous propagez la satisfaction et le bien-être.
Pensez à le remercier. Il est toujours là. Reconnaissez-le en lui parlant et en lui demandant des choses.
Vous pouvez peut être lui demander de vous aider à demander.

« Tout cela ressemble à la prière »

C'est une manière de laisser le divin entrer dans votre vie sans vous encombrer des dogmes et des préceptes.

Vous ne pouvez pas interférer dans la vie des autres, seulement les accompagner et demander à vos anges de s'occuper d'eux.
En réalité, ils vont ressentir vos pensées. Plus vous aurez confiance en la capacité de la personne en question à s'en sortir, plus elle s'en sortira facilement. Elle recevra votre pensée de confiance comme une force douce et puissante.

Là, vous pouvez demander à votre ange gardien de vous aider à croire que la personne peut être heureuse et en bonne santé. De vous aider à soutenir l'autre comme il en a besoin et pas comme vous le voulez.

« A-t-on un seul ange gardien ? »

En plus de votre ange gardien, il y a des anges avec des fonctions spécifiques pour tout ce que vous avez besoin.
Sont désignés par le terme "ange" tous les amis invisibles, ce qui inclut les dévas, esprits de la nature, et plein d'autres.
Votre ange gardien fait le relais avec eux, mais vous pouvez les appeler aussi. Vous pouvez appeler l'ange qui s'occupe de votre santé, de vos finances, de votre travail, de l'électricité, des outils, et ainsi de suite.

Exercice pour travailler avec votre ange.
Vous voulez monter un meuble en kit. Appelez l'ange qui sait comment le monter. Laissez-vous guider. Ça se fait tout seul. Bien sûr, c'est vous qui vissez, collez, encastrez les planches, mais vous faites ça comme un pro.
Ça marche aussi pour jardiner, cuisiner, écrire, etc. Appelez les anges.

Financièrement, vous n'y arrivez pas. Confiez vos comptes à l'ange qui sait s'en occuper. Laissez-vous guider. Ne cherchez plus à tout prix à tout résoudre.
Ecoutez votre intuition à chaque instant. En quelques semaines, quelques mois, selon les situations et surtout selon votre lâcher-prise, les choses vont s'arranger tout en douceur, peut-être pas de la manière dont vous vous y attendiez.

Plus vous travaillez avec eux et plus ils seront continuellement présents autour de vous. Leur présence est douce et agréable. Lorsque vous marchez avec eux, vous êtes heureux.

« Comment fait-on pour les appeler ? »

Vous n'avez besoin ni de rituel, ni d'initiation.
Il vous suffit de dire "mon ange", "ange de ceci ou de cela", ou le nom que vous lui donnez et c'est tout. Vous expliquez votre situation et vous vous laissez agir.

Pour que les choses soit plus claires, parlez à haute voix, pas besoin de crier, vous pouvez murmurer. Ainsi, vous faites la distinction entre leur parler à eux et votre bavardage intérieur.

Exercice pour appeler son ange gardien.
Dites : « Mon ange », et commencez à lui expliquer ce que vous souhaitez.
Remerciez-le à la fin.

« Est-ce qu'il peuvent agir sur la santé aussi ? »

Vous savez sûrement maintenant que les maux et les maladies ne sont pas des punitions ou des malheurs qui vous tombent dessus par hasard et sans crier gare.
La douleur physique est une sonnette d'alarme. Tout votre corps hurle : « Entends-moi, écoute-moi ! ».
Offrez-vous un livre sur le décodage des maladies c'est bluffant.

La maladie est un message de votre corps. Succinctement, il vous dit :

La tête : arrêtez de vous prendre la tête.
Le cou : soyez plus flexible, il y a d'autres options.
La gorge : allez-y, crachez le morceau.
Les épaules : arrêtez de porter tout ce qui ne vous appartient pas, relevez la tête, la vie est belle, quoi que vous ayez fait vous êtes toujours aimé.
Le cœur : aimez et pardonnez.
Les poumons : vous méritez de vivre.
Le système digestif : qu'est-ce qui ne vous convient pas du tout dans votre vie ? Remédiez-y.
Les intestins : allez-y, n'ayez pas peur, vous ne manquerez jamais de rien.
Le système urinaire : qui a pris votre place ?
Le système génital : vous êtes un homme, un vrai. Vous êtes une femme magnifique.
Les jambes et les pieds : où ne voulez-vous pas aller ?
Le milieu du dos : vous en avez plein le dos, arrêtez.
Le bas du dos : tout va bien se passer. Arrêtez de vous inquiéter.

Travailler avec les anges au quotidien va doucement instiller en vous le concept que tout est possible, que votre situation peut évoluer dans le bon sens.
Vous allez petit à petit prendre votre vie en main, avoir confiance, vous aimer davantage, être vrai avec vous-même et vous mettre au centre de votre vie.

Pour la santé, c'est simple.
Vous vous asseyez, sans vous coucher, pour ne pas risquer de vous endormir, dans un espace-temps tranquille. Eteignez les portables, c'est un rendez-vous avec les anges. Dites à haute voix quelque chose du genre : « J'appelle tous les anges qui peuvent me soigner, s'il vous plaît, assistez-moi.»

Si vous êtes sensible, vous les sentirez se présenter presque immédiatement.
Puis, toujours à haute voix, car vous entamez un dialogue, vous expliquez votre problème.
Choisissez-en un à la fois, vous remarquerez les résultats plus vite, c'est encourageant.
Très vite, vous allez sentir des choses dans votre corps, du chaud, du froid, du mouvement, etc.
Dites-leur tout ce que vous ressentez : « Je sens une chaleur dans le genou. Ça me fait comme des chatouilles sur le mollet droit. Là, ça me fait mal au talon. S'il vous plaît, soignez-moi en douceur. Voilà c'est bon, c'est passé. Je me sens mieux maintenant. »
Vous allez recevoir des informations, sous forme de pensées, de souvenirs ou d'intuitions. Dites-leur aussi : « J'ai cette pensée qui m'est venue... Je me souviens du jour où il y a eu ça avec Untel. »
Souvent, la première étape est de voir d'où vient le souci. La deuxième est d'accepter, de pardonner, de lâcher, etc. Une fois que c'est fait, la guérison est souvent "miraculeuse" !
Les anges vous accompagnent pendant tout le soin et aussi entre les soins pour vous aider à intégrer.
Parfois, il faut faire plusieurs séances. Chaque soin peut durer entre 20 minutes et 2 heures. Dites-leur au début du soin de combien de temps vous disposez.

Cette technique est fantastique pour régler les problèmes de santé. Elle ne remplace pas un docteur et n'en a pas la prétention, vous êtes sur un tout autre niveau ici. D'ailleurs il arrive que les anges vous incitent à aller consulter un spécialiste.
Vous pouvez leur demander de l'aide pour le stress, pour traverser les situations difficiles, etc.

Exercice pour vous soigner avec les anges.
Assis, seul, appelez les anges guérisseurs : « Mes anges guérisseurs, venez m'aider s'il vous plaît ».
Expliquez-leur votre problème, à haute voix.
Dites tout ce que vous ressentez dans votre corps : « Je sens un fourmillement là, j'ai l'impression que quelque chose s'en va, j'ai une oppression sur la poitrine, etc. ».
Exprimez également les pensées qui surgissent, ce que vous comprenez, etc. Si vous avez une limite de temps pour le soin, dites-leur. Travaillez avec eux, autant de fois et aussi longtemps que nécessaire.

Parfois, les problèmes de santé ne sont pas à soigner mais à accepter. Le but devient de réussir à s'épanouir avec ce handicap.
Les anges vont accompagneront doucement vers cette acceptation puis vous aideront à renaître, à commencer une nouvelle vie pleine de joies et probablement avec une mission particulière.
Il arrive aussi que la maladie soit terminale et que la guérison arrive avec le passage dans un autre monde. Ils vous guideront aussi à ce moment-là. Peut-être vous donneront ils les mots justes pour soutenir vos proches.
Dans toutes les circonstances, vous pouvez faire appel à eux pour vous aider à traiter ce qui a besoin de soin.

« Est ce qu'ils demandent quelque chose en retour ? »

Pensez toujours à les remercier.
Ils ne demandent rien en retour. Ils sont heureux d'être là pour vous. Ils ne se lassent pas de vous ou de vos demandes, au contraire.

« J'ai l'impression que certaines personnes sont des anges »

C'est beau.
Commençons par s'entendre sur la définition du mot : ange, nom masculin, du latin angelus, emprunté au grec, ángelos, "messager", est une créature céleste dans de nombreuses traditions. Ce terme désigne un envoyé de Dieu, c'est-à-dire un intermédiaire entre Dieu et les hommes. Parfois il transmet un message divin, parfois il agit lui-même selon la volonté divine. Créature purement spirituelle. Selon wikipedia.fr

Donc, selon cette définition, une personne ou un animal n'est pas un être purement spirituel, puisqu'il a un corps physique, mais peut certainement être guidé par un ange.
Deuxième signification possible : une personne gentille et douce, qui peut être belle ou d'une grande aide à un moment donné.
Vous en avez plein autour de vous et vous êtes certainement considéré comme un ange par quelqu'un.

Voici une proposition de définition : être incorporel et intemporel, ayant chacun une fonction et une personnalité différente.
Certains d'entre eux ont la mission de s'occuper de vous. Ils accomplissent leurs activités auprès de vous en respectant les lois du libre arbitre. C'est à dire qu'ils vous proposent continuellement leurs mains mais ne prennent pas la vôtre sans votre consentement. Ils organisent l'univers selon leurs moyens pour pouvoir vous proposer des perspectives ou des choix différents.
Ils sont joyeux, patients à l'infini et toujours là pour vous, dans vos moments les plus brillants comme dans vos heures les plus sombres.
Ils vous aiment plus que vous ne pouvez le concevoir. Votre ange gardien vous est totalement dédié et dévoué. Sa raison d'exister est de vous accompagner et d'exaucer toutes vos requêtes.

« Est-ce que ça marche si on veut se venger de quelqu'un ? »

Si ça marche, ce n'est pas les anges que vous appelez.
Votre ange gardien vous aide à cicatriser vos blessures, à soigner votre cœur, à retrouver la paix et la joie. C'est bien plus important et intelligent que de perpétuer la douleur.

« Est ce qu'il y a des anges déchus, mauvais ? »

Ceux-là existent aussi, mais ils sont appelés des démons. Ce sont eux qui répondent aux désirs de vengeance et de méchanceté. Parfois certains considèrent cela comme de la justice, il n'en va pas moins que souhaiter du mal, c'est faire du mal aussi.

Plus vous vous entourez d'anges lumineux plus la vie est belle. Lorsque vous êtes heureux de vivre, vous attirez de belles histoires.
Parfois certaines épreuves ne sont pas faciles à traverser, vous perdez le sourire et la confiance. Vous vous sentez abandonné. Lorsque vous avez l'habitude de vous en remettre aux anges, le chemin est plus facile.
La voie vers le bien-être et vers vous-même est proche même lorsque vous ne pouvez pas la voir.
Vous demandez : « Mon ange, sors-moi de là s'il te plaît. Aide-moi à dépasser cette souffrance ». Immédiatement, vous commencez à vous sentir mieux, le chemin vers un profond rétablissement peut être plus ou moins long, néanmoins il est commencé. Chaque minute que vous passez en leur compagnie vous fortifie.
Puis des idées nouvelles vous traversent, vous ouvrent de nouveaux horizons.

« En concret alors ? »

Vous demandez tout ce que vous voulez, tout le temps.
Vous leur laissez carte blanche. Vous savez que vous êtes entendu, que les anges se démènent pour vous trouver une solution.
Pendant ce temps, vous suivez vos intuitions qui sont bien souvent des messages angéliques. Vous vous ouvrez à de nouvelles idées et à de nouveaux concepts. Vous remerciez pour tous les cadeaux.
Vous continuez à demander car vous savez que vous êtes exaucé, pour autant que cela soit pour le bien commun.

Merci d'avance, chers lecteurs, de passer votre commande pour combler tous vos désirs. Ainsi vous participez aussi à l'amélioration de la condition de vie de l'humanité. Une personne heureuse de vivre en plus est un pas gigantesque vers le basculement mondial pour une conscience nouvelle.

La spirale de l'amour

Imaginez une minute que vous soyez sorti de la trinité de l'enfer, c'est-à-dire que vous entendez ce que disent les gens, comme étant leur propre dialogue intérieur, qu'ils expriment grâce à vous.
Vous vous écoutez parler et vous vous reportez toutes vos paroles.
Il y a déjà beaucoup moins de conflits dans votre vie. Vous êtes libre de faire ce que vous voulez.
Les reproches ou les accusations qui vous sont faits ne vous sont pas adressés.
Les sermons et les plaintes que vous faites aux autres sont pour vous.
Ce que vous dites peut s'avérer juste pour l'autre ou pas, quelle importance ? Ce qui est fondamental, c'est que vous ayez conscience de ce qui vous appartient et de ce qui ne vous appartient pas. Ce que vous dites et faites est à vous, ce que font et disent les autres leur appartiennent.

> *J'explique ceci à une dame, alors elle s'esclaffe, estomaquée : « Mais alors, on n'aide personne ».*
> *Vous aidez bien davantage en vous rendant totalement disponible plutôt qu'en conseillant et racontant votre propre expérience ou vision des choses. Lorsque vous êtes heureux, bien dans votre peau, vous influencez positivement tout votre entourage sans même le désirer.*
> *Essayez de demander aux gens ce qu'ils ont besoin au lieu de leur donner ce que vous croyez qu'ils veulent.*

Tout ce que vous dites, voyez, entendez, rêvez, créez, vient de vous, sort de vous, est en vous.
De cette manière vous laissez de l'espace aux possibles, à de nouvelles manières de penser. Vous accueillez d'autres philosophies. Vous vous ouvrez à un autre univers, à une autre réalité.

Plus vous vous éloignez du bruit infernal de votre mental avec son agglomérat de peur, de doute, de tristesse et d'injustice, plus vous avez d'aisance à gravir la spirale d'amour.

D'un côté, vous avez la spirale maléficiée, la trinité de l'enfer qui vous entraîne vers plus de déprime, de solitude, de lutte, piégé, mal-aimé et non reconnu.
De l'autre, le vortex du bonheur, la spirale ascensionnelle où chaque jour est une nouvelle opportunité, où grâce à votre positivisme vous transformez les montagnes de problèmes en graviers facilement gérables. Vous souriez et vous ouvrez les bras pour recevoir les cadeaux de la vie.

Exercice pour rester positif.
- Faites-vous un joli tableau en peinture, en collage, à la main ou sur l'ordinateur.
- Ecrivez de votre plus belle plume des phrases qui vous touchent.
« Ma sagesse se révèle dans mes paroles. Elles sont des messages à mon intention. »
« J'aime ce qui est diffèrent de moi, ainsi je m'ouvre à l'abondance. »

Votre relation à l'autre

Lorsque vous privilégiez la relation, à l'autre et au divin, vous devenez une source inépuisable car plus vous donnez et plus vous avez.
Plus vous écoutez dans le silence, sans penser, et plus vous développez la paix de l'esprit, la sérénité. Ecouter est un gain de temps et une bénédiction. Cela vous permet de calmer votre mental, de laisser l'ego au repos, tout en offrant à l'autre la possibilité de s'exprimer pleinement, en recevant une attention totale de votre part.
Vous êtes ouvert à la relation à l'autre, ainsi vous accueillez l'intelligence avec votre âme, avec le divin.

Ecouter n'est pas seulement entendre les mots qui sont prononcés, c'est donner votre attention. Lorsque vous donnez votre attention, vous partagez avec cette personne ce que vous êtes vraiment. Une réelle communication, bien plus profonde que les mots, s'établit alors.

Si vous pensez, vous n'écoutez pas, vous entendez seulement les informations. Il n'y a pas de communion. Ce n'est pas un don. Ce n'est qu'un échange de mental à mental. Ça n'a aucune valeur. Parler pour parler, c'est vous voler votre propre vie. C'est de l'autodestruction.
Vous mettez à l'honneur l'ego. Vous bannissez ce qui est important : vous et la relation, la communion, le partage.

Ecouter est un cadeau que vous vous offrez à vous, à l'autre et à l'humanité.

Une élève me raconte qu'une de ses amies se plaint toujours de tout pendant des heures d'affilée. Un jour elle décide de l'écouter vraiment. De lui donner son attention totale, sans jugement, sans interruption et sans penser à autre chose pour la première fois.
L'amie en question lui réitère pour la millième fois ses problèmes. Une fois rentrée chez elle, elle lui téléphone et la remercie sincèrement de l'avoir écoutée, qu'elle se sent vraiment bien maintenant. Cette fameuse amie se plaint plus rarement désormais.

Exercices pour calmer le mental.
1 Ecoutez-vous penser. Vous avez remarqué que vous avez plusieurs de vos voix qui parlent et parfois dialoguent dans votre tête.
Ouvrez une autre ligne, consciemment, qui écoute ce que disent les autres.
Ecoutez-vous penser comme si vous écoutiez des gens parler plus loin.
Ne rentrez pas dans la conversation, écoutez seulement.
Dès que vous réalisez que vous vous êtes laissé embarquer, reprenez votre place de spectateur.

2 Lorsque quelqu'un vous parle, décidez de ne pas entrer dans la conversation activement, laissez-le parler.
Lorsque vous vous dites que vous avez la solution, faites-vous taire.
Si vous n'êtes pas d'accord, respirez et coupez la ligne mentale.
Recentrez-vous sur la personne qui parle.

Vous êtes un présent

Vous donnez en permanence. Vous expirez quelques-unes de vos cellules avec chaque respiration. Vous partagez toutes vos pensées avec le reste des habitants de la planète.

Vous avez une incidence sur tout.

Lorsque vous recevez, vous donnez à l'autre l'occasion de pratiquer le don. Vous donnez naissance à des enfants, des idées, des créations. Vous donnez votre avis, votre odeur, votre personnalité. Vous apportez votre touche personnelle à l'humanité entière. Prenez-en seulement conscience.

Dans cet état de conscience de don total, vous êtes pleinement réalisé. Votre ego est à sa place. Vous êtes vous-même au paroxysme de votre potentiel.

Vous partagez ce que vous possédez, vos connaissances, votre temps, votre présence. Ainsi vous créez un espace d'échange en vous.

Plus vous partagez vos bonnes idées et plus vous en avez. Vous êtes sans cesse approvisionné, votre capital est continuellement renouvelé. Gardez une technique secrète et vous n'en aurez qu'une. Propagez-la et vous en recevrez des dizaines, parfois bien plus performantes.

Exercice pour vivre l'abondance.

Vous avez une technique, une astuce, une méthode que vous gardez pour vous.

Vous pensez que tout le monde la connaît, qu'elle n'intéressera personne, ou vous avez peur qu'on vous la prenne.

Quoi qu'il en soit, amusez-vous à la partager avec une dizaine de personnes.

Vous vous enrichirez rapidement d'autres pratiques.

Vous êtes un être unique

Nul autre dans l'univers n'est comme vous. Vous êtes le seul à être vous. Vous êtes unique. Même si vous avez un jumeau identique ou des sosies, ils ne sont pas vous, ils vous ressemblent seulement.

Le reconnaître et l'accepter c'est exister dans la différence consciente de l'autre.

Si vous êtes unique, chaque être sur terre l'est également, c'est-à-dire que tous sont différents de vous. Vous êtes égaux dans le fait que vous êtes tous disparates et hétéroclites. Le terme "normal" perd son sens.

Vous recherchez ce qui vous convient, ce qui vous apparente à l'autre pour vous rassurer.

Lorsque vous glorifiez la disparité, la diversité et les particularités de chacun, vous n'aimez plus parce qu'il vous ressemble et vous renvoie vos bons côtés. Au contraire, vous l'aimez car il est différent de vous.

Lorsque vous acceptez totalement que vous êtes exceptionnel, précieux, unique, force vous est de considérer chaque être vivant de même. Chaque personne est un univers. Devenez un explorateur de l'humanité. Recherchez la valeur intrinsèque et la richesse infinie de chacun. C'est bien plus passionnant que de chercher les défauts ou les ressemblances.

Vous accueillez la relation. Vous n'avez pas peur de vous relier à quelqu'un, que ce soit pour trente secondes ou pour cinquante ans.

Vous choisissez de l'honorer, de vous mettre au service de son bonheur sans vous perdre vous-même.

Veiller à son bien-être physique est une chose, mais bien plus essentiel est de veiller à son bien-être spirituel. C'est-à-dire être présent, l'épauler, l'écouter, lui procurer ce dont il a réellement besoin et pas ce que vous voulez lui offrir.

Vous avez tous besoin d'attention. Tous souhaitent être aimés sans condition et regardés avec bienveillance. Alors apprenez à aimer sans juger. Commencez par les personnes que vous aimez déjà. Acceptez-les telles qu'elles sont. Contemplez-les comme des œuvres d'art hors de prix, inégalées, car elles le sont.

Exercice pour conscientiser à quel point vous aimez.
Prenez une photo ou dessinez une personne, écrivez son nom, entourez là d'un grand cœur et laissez-vous aller à dessiner ou coller, tout ce qui vous vient de gentil, autour d'elle.
Puis intitulez votre œuvre « je t'aime ». Contemplez votre ouvrage et souhaitez-lui le bonheur du plus profond de votre cœur.
Faites cela avec chaque membre de votre famille, ami et connaissance, même avec ceux que vous n'avez pas connu, avec qui vous avez rompu la communication et aussi avec ceux envers qui vous avez de l'animosité.
Puis laissez faire le mystère de l'amour.

Ressentez la puissance et la joie que cela vous procure. Bénissez leur présence dans votre vie. Agissez en accord avec vos sentiments en le leur exprimant.
Interdisez-vous de les critiquer, de les blâmer.
Ne vous imaginez pas que vous savez ce qu'elles vivent, pensent ou ressentent. Ne leur imposez pas votre vision et votre sagesse, respectez plutôt les leurs.
Chacun de vous est exactement où il doit être et est parfait pour cela, ici et maintenant.
Certains comprennent instantanément, d'autres ont besoin de beaucoup de temps. D'autres encore se complaisent dans leur "malheur" connu et ils en ont le droit.

Oubliez vos désirs de brillance et votre besoin de reconnaissance pour un instant et faites briller l'autre, reconnaissez-le. Faites-le avec votre cœur et bénéficiez de l'extraordinaire énergie que vous apporte le don de soi, l'indescriptible joie que vous vivez lorsque vous posez un genou à terre au service de l'autre, sans attente de réciprocité, seulement parce que vous en avez envie, vous.

Exercices pour comprendre le besoin de l'autre.
1 Rappelez-vous la dernière fois où vous avez eu besoin de parler, puis rappelez-vous une fois où vous aviez besoin d'aide. Les avez-vous verbalisées de la même façon ?
2 Souvenez-vous de quelqu'un qui avait envie de parler et à qui vous avez apporté des solutions ! Que s'est-il passé ?
Avec la prochaine personne qui vous parle, écoutez la, donnez-lui votre attention bienveillante, vous identifierez aisément si elle requiert votre conseil.

Lorsque vous avez envie d'aider quelqu'un, demandez-lui : « De quoi as-tu besoin ? »

L'amour, axe central de votre vie

Vous avez le choix du sens que vous donnez à votre vie. Vous pouvez privilégier l'argent par exemple. Ainsi toutes vos décisions seront basées sur lui en premier. Vous considérez l'aspect financier avant toute chose. L'argent est votre principal moteur, votre nerf de la guerre. Vous travaillez pour l'argent. Vous êtes encore avec votre conjoint pour des raisons financières. Vous fréquentez tel club par assimilation de niveau social, etc.
Certains préfèrent centrer leur vie sur leur apparence physique, sur la douleur (ou une maladie), leur religion, leur bien-être, une dépendance (tabac, alcool, drogue, etc), la reconnaissance ou autre.

C’est un choix, c’est votre choix.
Vous pouvez également mettre l’abondance d’amour au centre de votre existence.
Vous choisissez votre profession par amour du métier, votre entourage avec votre cœur, vos activités avec passion, vos préférences par goût.
Vous placez l’amour comme votre bien le plus précieux. Vous le privilégiez, il est à la première place dans vos décisions. Toutes les autres considérations sont secondaires et ont peu de poids dans la balance. L’amour est une notion d’abondance car elle n’a pas de limite. Vous pouvez toujours aimer davantage, mieux, autrement.
Il attise votre foi. Il pacifie votre mental. Il rend votre réalité joyeuse et consciente.

Exercice pour savoir ce que vous avez mis au centre de votre vie.
Que prenez-vous en considération en premier ?
Quelle pensée vous vient à l’esprit de suite lorsqu’il s’agit de : vacances ; cinéma ; vêtements ; un plaisir ; votre corps ; le travail ? Etc.

Pour changer d’axe de vie, vous n’avez qu’à le dire sincèrement à haute voix et c’est fait. Le mot clé est sincèrement, avec votre cœur et votre esprit. Vous devez être totalement d’accord avec votre décision, sinon cela reste mental, un blabla de plus.
« Mon axe de vie est d’être au service. »
« Je choisis volontairement de favoriser la relation. »
« Être riche. »
« De m’écouter. »
« Le bien-être de ma famille. »
« Etc. »

Vous pouvez le notez sur votre agenda au dernier jour de l’année par exemple, ce jour-là vous pourrez contempler l'évolution.

Toute votre vie tourne réellement autour de votre centre, de votre priorité principale. Vous avez tous un axe de vie. Il se peut qu'il ne vous convienne plus ou qu'il vous détruise.

Un de mes élèves me dit un jour : « J'ai décidé de mettre l'amour comme axe de ma vie. Je vais voir comment je peux me faire exonérer de taxes. J'ai fait un prévisionnel, je dois gagner tant par mois puis d'ici un an doubler dans cet aspect, etc. Je vais mettre en place cette stratégie marketing… »
Peut-être que ce monsieur n'a pas compris ce que veut dire « l'amour ». L'argent est au centre de ses pensées. Il deviendra riche plus vite s'il l'accepte et vit en accord avec lui-même.

Un ami me confie qu'il met ses enfants au centre de sa vie. De ce fait, il ne pense qu'à eux en permanence, il les analyse, il s'inquiète pour eux tout le temps et se sent tellement coupable qu'il ne les laisse pas respirer. Il est bien malheureux du manque de réciprocité et de leur manque de coopération. En fait il a mis la préoccupation pour ses enfants au centre, ce n'est pas pareil.
Il a dû lui aussi réviser son jugement sur ce qu'implique mettre au centre de sa vie.

C'est se mettre au service d'une cause, quelle qu'elle soit.
C'est-à-dire de la privilégier. Selon ce que vous choisissez vous serez heureux ou pas.

Quel est votre intention lorsque vous partez travailler ?
Le partage ? La rémunération ? La gloire ? L'élévation personnelle ou mondiale ? Le manque ? Etc.
Quand vous pensez à vos enfants, quelle est votre intention ?
Leur bien-être et besoins ? Qu'ils vous aiment ? Le regard des autres ? Vous rattraper ou vous racheter ? Etc.
La première chose qui vous vient à l'esprit est votre axe central, c'est aussi simple que cela. Si vous êtes sincère avec vous-même, il vous apparait clairement.

Ce que vous valorisez est ce que vous vivez.

Une dame me dit qu'elle a élu la paix au centre de sa vie. Avant chaque décision, aussi infime soit elle, elle se demande si cela lui procurera la paix et engendrera la paix autour d'elle.
Petit à petit tous les conflits qu'elle vit habituellement disparaissent. Elle s'écoute et est attentive à son entourage. Elle respecte ses besoins physiques et émotionnels ainsi que ceux de sa famille. Son fils hyperactif est devenu sain et joueur. Elle a découvert que la paix est synonyme de joie.

Un autre ami a choisi depuis son jeune âge le service à son prochain comme raison de vivre. Il conçoit sa vie en étant utile aux autres. Lorsqu'il parle des gens qu'il soutient il émane de lui une force d'amour monumentale. Il ne se voit pas comme quelqu'un qui aide mais comme un homme qui reçoit de tous. Il passe sa vie à remercier pour tous les bienfaits qu'il perçoit. Il ne roule pas sur l'or mais il y a toujours quelqu'un pour lui donner ce qui lui manque et davantage et ce, tous les jours. Il participe bénévolement de tellement de manières à l'amélioration de la société que les différents groupes lui font des cadeaux. Grâce auxquels il a fait plusieurs voyages au bout du monde et même un tour en montgolfière, entre autres. Au service de son prochain, il se réalise totalement et profite des plaisirs de la vie.
Une amie a adopté la foi (sans religion) comme axe central. Son mantra est « j'ai confiance, les anges s'occupent de tout. »
Elle donne l'impression que pour elle tout est facile et qu'elle vit au pays des Bizounours comme disent certains. Elle considère cela comme un compliment. Pourtant elle est fragile. Elle rencontre les même épreuves que tout un chacun. Même si aucune situation ne la laisse indifférente, elle garde la foi. La confiance absolue dans le fait que les anges s'occupent de tout fait que sa vie est douce et pleine d'aventures extraordinaires.

Aujourd'hui, choisissez consciemment un axe de vie, puis vous pouvez vous le répéter régulièrement. Imperceptiblement, votre vie va s'aligner sur votre axe. Si vous avez choisi le bien-être de votre famille comme axe, la raison pour laquelle vous faites les choses doit être le bien-être de votre famille, sinon vous avez dévié. Choisissez consciemment, prenez vos décisions en faisant toujours prévaloir ce qui vous importe réellement et non les peurs de manquer.
Vous êtes véritablement créateur de votre vie.

Vous créez consciemment

Seul, dans votre coin, vous avez déjà de grandes capacités. Imaginez que vous soyez en relation intime et personnelle avec le divin. Qu'il fasse totalement partie de votre vie, qu'il soit autant à l'extérieur qu'à l'intérieur de vous, que vous lui dédiez votre existence. Songez à quel point votre pouvoir de guérison serait gigantesque, votre potentiel créateur à son image, votre vision du monde magique, votre vie merveilleuse.

Vous êtes créateur. Ceci est votre héritage. C'est inhérent à votre être. Vous créez votre réalité à chaque seconde. Ainsi vous avez la faculté de la changer à votre guise.
Comprenez que chacune de vos pensées est à l'origine de vos paroles et celles-ci sont la base de vos actions.
Vos pensées ne vous sont pas personnelles. Elles ont une texture. Elles voyagent autour d'autres personnes qui partagent le même type d'idées. Tout le monde perçoit les pensées, vous aussi. Vous n'en êtes pas conscient, c'est tout. Toutefois, il y a des personnes avec qui c'est presque flagrant. Vous pouvez terminer leurs phrases, vous avez régulièrement envie de la même chose au même moment, etc.

La pensée est une énergie. Elle s'agglutine à ses semblables pour créer des formes pensées et des égrégores. Elles deviennent parfois des paradigmes, une réalité commune. La pensée est extrêmement puissante. Comme chaque chose elle peut être utilisée de différentes manières. Positive, tolérante et pleine d'amour, elle va alimenter les masses de pensées de ce genre. Les pensées de peurs vont directement nourrir les peurs existantes. Les vôtres en premier, puis celles de votre entourage et enfin celles de tous les êtres vivants sur la planète.

Pour créer consciemment, c'est-à-dire pour ne plus être victime du mental zélé, faites-le taire. Au lieu de vous concentrer sur le problème, mettez une solution en route. Demandez de l'aide aux anges, acceptez le soutien de votre entourage, gardez la foi et regardez à travers un filtre d'amour.

Voici une belle histoire pour illustrer ce sujet.
Quelqu'un arriva un jour, tout agité, auprès du sage Socrate :
« - Ecoute Socrate, en tant qu'ami, je dois te raconter...
- Arrête. As-tu passé ce que tu as à me dire à travers les trois passoires?
- Trois passoires?
- Oui, mon ami : trois passoires. La première est celle de la vérité. As-tu examiné si tout ce que tu vas me raconter est vrai ?
- Non, je l'ai entendu raconter et...
- Bien, bien, mais assurément tu l'as fait passer à travers la deuxième passoire. C'est celle de la bonté. Est-ce que, même si ce n'est pas tout à fait vrai, ce que tu veux me raconter est du moins quelque chose de bon ?
- Non, au contraire...
- Essayons donc de nous servir de la troisième passoire et demandons-nous s'il est utile de me raconter ce qui t'agite tant.
- Utile, pas précisément...
- Eh bien, dit le sage, si ce que tu as à me dire n'est ni vrai, ni bon, ni utile, oublie-le et ne t'en soucie pas plus que moi ».

Vous créez votre réalité en choisissant la teneur de vos pensées.
Vos paroles et vos pensées vous sont toujours adressées. Elles créent votre réalité.
Vous pardonnez à ceux qui vous ont offensé. Vous vous pardonnez à vous aussi parce que vous êtes imparfait et cela fait partie de votre charme.
Vous choisissez de voir la vie du bon côté, il y en a toujours un.
Vos yeux tournés vers l'amour que vous donnez et celui que vous recevez, le cœur bien au chaud, votre main est dans celle du divin.

Groupe CCEE,
Zi ST Mitre Est, RN 8
Quartier d'entreprises
13400 Aubagne
http://autres-talents.fr

Achevé d'imprimer en juin 2014

Dépôt légal : juin 2014
ISBN : 978-2-9548948-0-5

Imprimé en Union Européenne